老舗文壇バーのママが見てきた

酒と作家と銀座

「ザボン」店主
水口素子

大和書房

たくさんのご縁に恵まれて、
銀座でお店をはじめて
四十三年もたちました。
お世話になったすべての方に、
心から感謝します。

ふだん着の作家とザボン

当店ホームページの「ザボン写真館」より、お店に来てくださった作家先生のお写真をいくつかご紹介します。

三坪のお店からのスタートでした。
壁にズラリと並ぶグレン・リベットが私の自慢。
すぐにお客様でいっぱいになる小さなお店でしたが、
毎日がとても充実していました。

とても親しくされていた丸谷才一先生（左）と
石川淳先生（右）は文学談義をしながらのお酒。

お二人がそろうと
いつも賑やか。
陽気なお酒のSF作家、
星新一先生（右）と
テレビでもご活躍された
漫画家の加藤芳郎先生
（右から二人目）。

一回目の引っ越しで美術館ビルに
移転した頃、数々の歴史小説で
知られる早乙女貢先生と。

「小説現代」の
表紙をはじめとして、
数々の小説の挿絵を
担当されている
村上豊先生（右から二人目）
の個展にて。

常に女性を喜ばせるサービス精神を忘れない渡辺淳一先生は
さり気なく女性の体を支えてくださるのが上手。

限りなく優しくて、
いつも人の気持ちを
考えてくださる重松清先生。

「ザボン」の名付け親、
丸谷才一先生の古稀の
お祝いでの一コマ。

仕事はもちろん、
お酒もギャンブルも一流の
黒鉄ヒロシ先生はいつも笑顔。

直木賞受賞のお祝いを
「ザボン」でしてくださった
宮城谷昌光先生は、
ご夫妻でお越しくださることも。

漫画界の巨匠が
集まる会で、
さいとう・たかを先生（左）と
ちばてつや先生（右）という
ツーショット。

「ザボン」40周年記念 感謝の会

島田雅彦先生（左）と吉田修一先生（右）の二人のイケメンに
挟まれて登場という恐れ多い演出でした。

さいとう・たかを先生からは
あたたかいご挨拶を
いただきました。
先生のスーツ姿は
いつ見ても素敵です。

明るく面白い司会ですべてを
仕切ってくださった重松清先生が、
会場を盛り上げてくれます。

辻原登先生もご挨拶を
してくださいました。
芥川賞を受賞されて、
選考委員の先生方と
お祝いしたのがザボン。
それ以来の長いお付き合いを
させていただいております。

半藤一利先生は、
「日本のいちばん長いスピーチ」を
してくださいました。私にとって長い
お付き合いをしていただいたので、
思い出が本当にたくさんあります。

漫画界のレジェンド・テーブルは
『北斗の拳』をはじめ数々のヒット漫画の原作者、
武論尊先生（左）とやまさき十三先生（中）&
北見けんいち先生（右）の
『釣りバカ日誌』コンビのお二人です。

新潮社の元編集者だった
青森県知事の三村申吾さんは、
知事になられても以前と
変わらなく接してくださいます。
この日も青森のたくさんの
お土産を持って
駆けつけてくださいました。

衆議院議員の
野田聖子先生(左)は
仲良しの林真理子先生(右)
と来てくださいました。

芥川賞選考委員を
長く務められてきた
黒井千次先生とも
長いお付き合いです。

読売新聞社会長の老川祥一さん(右)
は、福田康夫先生や半藤一利先生と
共に「ザボン会」のメンバーとして
長年お世話になっています。

俳優の寺田農さんは、退場時の
エスコートをしていただきました。
いつもダンディに
お酒をたしなまれています。

はじめに

銀座の並木通り、小さなビルの四階にあるバー、「ザボン」。

これが私の小さな城です。

たった二十坪ほどのお店ですが、これまでこの小さなお店にさまざまなお客様がいらしてくださり、色々なお話を聞かせていただきました。

この本では、銀座で四十三年生きてきた私のささやかな思い出と、銀座における文壇バーという場所のお話をまとめました。

私のお話で本になるのかどうか、たくさんの作家さんたちと接してきた身にとって不安ではありますが、もしかしたら珍しいお話もあるかもしれないということで、このたび一冊にまとめていただくことになりました。構成には、福島結実子さんに大変お世話になりました。この場を借りてお礼を申し上げます。

そして、コロナによって影響を受けているすべての飲食店の方々へ。

飲食を供するお店というのは、人と人のご縁をつないでいる場。ご飯は食べられればいいものではなく、お酒は誰と飲んでも同じものではありません。辛い時期ではありますが、この難局を越えればまたきっと皆さまが来てくださることを信じて、ともに頑張りましょう。

この本を読んでくださった方、ぜひ一度、銀座の私の小さな城に来てください。私の自慢は、「ザボン」という入れ物ではなく、来てくださっているお客様たちそのものです。きっと素敵なご縁をつなぎ、あなたの人生を豊かにできると思います。そして、近くの他のお店にも、ぜひ顔を出して差し上げてください。それぞれ小さな城を守っている店主たちは、そのご恩を忘れないことでしょう。そのようにつながったご縁や人情が、あなた自身の人生に実りをもたらしてくれます。私はそのことを銀座で学んだのです。

第2章

「眉」デビューと「ザボン」の始まり

第3章 バブルのころの銀座

第4章 大人の街の遊び方

第5章　作家という生きもの

第6章 移り変わる時代のなかで

——平成から現在の「ザボン」

第1章

「文壇バー」と銀座

明治に始まる「銀座と文壇」の伝統

「やってみないか」の一言で銀座のママに

クラブ「ザボン」は昭和五十三年（一九七八）、銀座六丁目の三坪のカウンターから始まりました。カウンターの前に椅子が十席並ぶだけの、とても小さなお店でしたが、私は生まれて初めて自分のお店をもつことができたうれしさで、無我夢中でした。

お店を始めるきっかけは、ある雑誌の編集者さんの「素子、手ごろな店があるから、やってみないか」という言葉でした。同じ銀座のクラブ「眉」にいたころのことです。

突然の話に驚き、「そんな、私にはお金もないし、お店なんてできるわけがありません」と答えると、「いや、君でもやれるよ」とさらにおっしゃいます。

重ねて励ましていただくと不思議なもので、だんだん「もしかしたら、私にもできるのだろうか……」という思いが湧いてきて、その方のおっしゃるお店を見に行きました。作家の丸谷《まるや》才一《さいいち》先生と、文藝春秋『文學界』編集長の竹内修司さんが同行してくださいました。

それはたった三坪の小さなお店でしたが雰囲気のいいカウンターがあって、私はひと目で気に入ってしまいました。お店を切り盛りしていたママも「いいですよ、譲りますよ」、丸谷先生も竹内さんも「ここでいいんじゃないか」とおっしゃってくださり、そのカウンターに立つ自分を思い浮かべた私は思いきって決めました。

当時、私が働いていた「眉」というのは、吉行淳之介先生、遠藤周作先生、北杜夫先生をはじめとする方たちが贔屓にされていた文壇バー。当時の文壇バーについて書かれた小説『夜の蝶』（川口松太郎著）や、評伝『おそめ』（石井妙子著、新潮文庫）などにも詳しいバー「おそめ」から独立したママがつくったお店です。

その「眉」で私が働いていたのは五年ほど。そこでの経験と、当時から懇意にしてくださっていた方々のお力添えのもと、私の手探りのお店づくりが始まりました。

大人が遊ぶ「夜の街・銀座」の源流

そもそも銀座と文壇との関係の深さは、明治時代にまで遡ります。

銀座のクラブといえば、主に男性客が訪れ、テーブルには女の子たちが座ってお酒をつくり、ママが責任者として切り盛りするバー、というイメージが定着していますが、その始まりは「カフェの女給が路地で始めた小さなバー」でした。ママが一人で客の相手をする、ほんの数坪のカウンターだけのバーです。

カフェとは西洋料理やコーヒー、洋酒などを出す飲食店のこと。今で言うレストラン、喫茶店、バーが一緒になったような場所でした。

そして「女給」とは、「和服にフリルつきの白いエプロン」という出で立ちでカフェの給仕係を務めていた女性のこと。当時としては珍しかった西洋の料理や飲みもの以上にカフェ人気を支えていたのは、この女給たちでした。

明治のころといえば、まだまだ女性が経済的に自立するには制限の多かった時代。そのなかで自分で生計を立てたい女性にとって、女給はうってつけの仕事でした。

当時の女性の仕事としては給料が格段によく、しかも芸者などと違って長い修業は必要ありません。ある程度、見た目に恵まれていれば就ける仕事だったようです。『放浪記』の林芙美子のように、女給として働きながら創作活動を続け、世に出た例もあります。

この女性たちが、やがて銀座のバーの担い手になっていくのです。

銀座の歴史は文明開化とともに

ここで少し銀座という街の歴史を紐解いておきましょう。

古くは「新両替町《しんりょうがえちょう》」と呼ばれていた界隈が「銀座」と名を改められたのは、明治二年のこと。改名されたころは華やかさとは無縁の地域だったようですが、明治五年の大火事と、新橋―横浜間の鉄道開通が大変貌のきっかけになりました。

火事で焼けたこの地を、道幅を広く、火に強いレンガ造りの町並みに変えようと明治政府が計画したのです。横浜から伸びる鉄道の終点・新橋駅と、経済の中心地・日本橋のちょうど中ほどに位置していたことも、再開発の価値ありと見なされたのでしょう。
当時、外国からの要人をもてなす場所も不足していたことから、西洋料理店を出すレストランの開業やガス灯の設置なども進み、明治の文明開化と足並みをそろえるようにして生まれた銀座。新たに開発された街にふさわしく、銀座は西洋の船来物など新しい文化を取り入れる玄関口となり、また流行の発信地として発展していったのです。

もちろん、銀座周辺に進出したのは、船来品を扱う商店だけではありませんでした。銀座は経済の中心地・日本橋からほど近い立地。それに加えて、政府機関の集まる丸の内や、外国人居留地のあった築地とも隣接していました。銀座は、国内外の事情通が集まる情報の一大アクセスポイントでもあったわけです。

この地の利に惹きつけられるようにして銀座周辺に社屋を置くようになったのが、新聞社や出版社でした。

新聞記者や雑誌記者、さらには新聞や雑誌に連載を持つ作家や評論家、連載に添えられる挿絵の画家や芸術家たち……。いつしか銀座は、文化人、知識人、教養人が行き交う街として知られるようになっていきます。

カフェの栄枯盛衰、そして「文壇バー」の誕生

そんななか、「カフェ」と呼ばれる新しい業態が人気を博したのでした。現在、銀座というと「夜の街」というイメージが強いと思いますが、そんな一面を持ち始めたのも、このころのことです。

カフェの祖とされる「プランタン」は、作家や画家が集い、語り合う文化的サロンでした。森鷗外、永井《ながい》荷風《かふう》、岡本《おかもと》綺堂《きどう》、黒田《くろだ》清輝《せいき》などが常連だったといいますから、文化芸術に通じていない一般人にとっては縁遠い場所だったことが窺われます。

その「プランタン」より開放的で敷居の低い「ライオン」「タイガー」も立て続けにオープンし、銀座は「カフェの街」として名を馳せていきます。

職人の住む街から、西洋の舶来物が集まるハイカラな街、そして最先端の文化芸術の香りがそこここに漂い、カフェでは可憐な女給たちが立ち働く華やかな街への大変貌。しかし昭和に入ると、銀座の街はまた様相が変わっていきます。

その一つが、関西系のカフェが続々と銀座にオープンしたことでした。銀座のカフェ人気にビジネスチャンスを感じ取ったのでしょう。

もともとから銀座にあったカフェのサービスは、女給が男性客に愛想を振りまくくらいのことはあっても、あくまでも「給仕」の域を出ないものでした。

ところが、関西系カフェのサービスはかなり色っぽいものでした。その女給のサービスを目当てに、以前ならばカフェに来なかったようなお客も大挙して押し寄せるようになり、関西系カフェはあっという間に大型化していきます。

結局、新興の関西勢に押される形で、旧来の銀座のカフェは閉店に追い込まれてしまいました。

でも銀座という立地上、記者や作家、芸術家が集まる街であることには変わりありません。さまざまな文化人、教養人が寄り集まって、文化談義に花を咲かせる。戦後、そんな昔ながらの銀座文化、かつての「プランタン」のような場所づくりの新たな担い手となったのは、カフェの元・女給たちでした。

働いていたカフェを辞めた女給が、銀座の路地に、ほんの数坪ほどの小さなバーを出し始めたのです。たとえばカフェ「タイガー」でナンバー1の人気を誇っていた、お夏さんという女性が開いた「ルパン」には、里見弴《さとみとん》、菊池寛《きくちかん》、泉鏡花《いずみきょうか》などが通いつめたといいます。時代はだいぶ後になりますが、あの太宰治がスツールであぐらをかいている有名な写真も、ここ「ルパン」で撮影されたものです。

もとを辿れば、銀座と文壇の深い関係は、明治に人気を博したカフェから始まったものでした。そして古き良き銀座のカフェの衰退を受けて、元・女給たちが一つ、また一つと開店していった小さなバー。先の戦争でいったん歴史は途絶えたかに見えましたが、彼女たちはまた戦後の銀座にお店を開いていきます。これこそが今でいう「文壇バー」の始まりだったのです。

「エスポワール」と「おそめ」の時代

小説『夜の蝶』の世界

さて、戦後の東京は一面焦土。もちろん銀座も例外ではありませんでしたが、いち早くＧＨＱ相手の商売を始めた人々の手で少しずつ復興していきます。ここでも主に大きな役割を果たしたのは、バーを再開した銀座の女性たちでした。

先ほど触れたとおり、明治以降、戦前までの銀座に集ったのは新聞記者や雑誌記者、作家、挿絵画家、芸術家などでした。それが戦後になると、官僚や政治家、大企業の経営者といった政財界人にまで客層が広がっていきます。

かつては赤坂や新橋の料亭、花街で密会していたような人々もまた、値段がおさえられ、芸者を待たずにすむ銀座で遊ぶようになったのです。こうして銀座は、あらゆる分野の人々が集まる一大繁華街として、いっそう華やかさを増していきました。

そんな戦後の銀座を語るうえでは欠かせない文壇バーが二つあります。

その名は「エスポワール」と「おそめ」。一度は途切れかけた銀座の文壇バーの系譜を再興し、さらにその価値を高めた歴史的なバーです。

大事な常連客が「おそめ」に通っていると知った「エスポワール」のママが、ある夜、「おそめ」に押しかけ、「おそめ」のママに罵声を浴びせる、なんていう騒ぎが起こったこともあったそうです。そのときに平手打ちまでしたという説もあるくらいですから、かなりの勢いだったのでしょう。

キャラクターの異なる二人のママのライバル関係もまた、一つの銀座名物として大いに話題を提供しました。作家・川口松太郎が、夜の銀座に生きる女性たちを題材とした小説『夜の蝶』を書き上げたのも、このころのこと。

「エスポワール」と「おそめ」、それぞれのママが、まったく異なる魅力の持ち主であったことも、文壇バーという存在が銀座でいっそう光り輝く元になったことは間違いありません。

「銀座育ちママ」対「京女ママ」

「エスポワール」のママは川辺るみ子さん。昭和二十一年、戦後わずか一年という早期にバー「エスポワール」を開いたるみ子ママは、昭和初期の銀座の老舗バー「ボルドー」などで女給として経験を積んだ、銀座育ちのママでした。

洋装がよく似合う目鼻立ちのはっきりした顔立ちに長身、快活な話しぶりのるみ子ママに魅了された男性客たちで、「エスポワール」は夜な夜な賑わいました。作家の大佛《おさらぎ》次郎や小林秀雄、映画監督の小津安二郎、さらには大手出版社の幹部や政財界の人々が足繁く通ったといいます。

一方、「おそめ」のママは上《うえ》羽《ば》秀《ひで》さん。川辺るみ子ママの「エスポワール」開店の九年後、昭和三十年（一九五五）に開店し、店名の「おそめ」の愛称で親しまれました。

銀座育ちのるみ子ママとは違い、おそめさんは京都生まれの京都育ち。祇園《ぎおん》で引っ張りだこだった芸妓《げいこ》が京都の木屋町《きやまち》で小さなバーを開いて人気を集め、東京・銀座にも店を開いたという異色のママでした。

はるばる京都からやってきた「おそめ」が銀座でも成功できたのは、木屋町の「おそめ」の常連客には東京の人も多くいたからでした。文壇や映画界の人々が、取材や執筆、撮影のために訪れた京都で「おそめ」に出会い、たちまち気に入って贔屓にしていたのです。

その「おそめ」が東京にもできたということで、京都に行くたび木屋町の「おそめ」に入り浸っていた人々は喜び勇んで銀座の「おそめ」に通うようになりました。

生粋の京都人であるおそめさんは、やわらかい物腰、芸妓ならではの華奢で小柄な体つきだったそうで、奇しくも「エスポワール」のるみ子ママとは何をとっても正反対です。当時は木屋町の「おそめ」も続けていたため、京都と東京を飛行機で行き来していたことから「空飛ぶマダム」ともてはやされました。

大型店「ラ・モール」の来襲と文壇の世代交代

しかし昭和三十年代も半ばを過ぎると、世の中の変化が容赦なく「エスポワール」と「おそめ」に襲いかかります。「夜の文壇」「夜の政界・財界」などと呼ばれ栄華を極めた両店の人気が一気に萎《しぼ》んでしまったことには、主に二つの背景が絡んでいたようです。

一つは、高度経済成長の勢いに乗り、資本力のある大企業が銀座のバー業態に目をつけ、新規参入してきたことです。大阪でレストラン業を営んでいる三好興産の「ラ・モール」は、その代表格です。

それまでの銀座では、個人のお客様が自分のポケットマネーで遊ぶというのが常でした。「エスポワール」や「おそめ」に集っていた作家や芸術家はもちろんですが、出版社の編集者なども、当時はみな社用ではなく自分個人の支払いだったのです。

大勢引き連れて豪遊するというより、ふらりと一人、あるいは数名で連れ立って現れては、居合わせた業界の人々と交流する。ママとの会話を楽しむ。そういう遊び方でしたから、カウンターにママひとり、といった小さなバーが多く、女の子がいたとしてもあくまでお客の目当てはママでした。

大阪からやってきた「ラ・モール」は、その点で大きく異なっていました。企業の接待費を当て込んで、かなり大がかりな店づくりをしたのです。ママを任されたのは、当時大阪店で働いていた花田美奈子さんという女性でした。

何十坪もあるような広い店舗に、テーブル席がズラリ。シャンデリアなどが煌《きら》めく豪華な内装に、ふんだんに取り揃えられた高級酒。女給改め美しく着飾った「ホステス」が各テーブルにつき、ボーイたちが忙しく店内を行き交う――。ママひとりの魅力でお店を切り盛りするというそれまでのスタイルではなく、人気のホステスを他店からどんどん引き抜き、指名制を導入してお客様を呼んだのも、「ラ・モール」をはじめとするこのころのお店が最初です。

豪華絢爛《けんらん》を絵に描いたような大型店は、急激に経済が発展するなか、会社の経費で落ちる接待交際費は派手に使って当たり前、という会社員たちの感覚に見事に合致しました。

さらに「ラ・モール」では、店にハクをつけてくれる有名作家などには、特別格安料金を提示していました。そのため「エスポワール」「おそめ」から「ラ・モール」へと流れた作家も少なくなかったといいます。

路地の小さな個人店にはとうてい真似できないような戦略を繰り出した「ラ・モール」は、あっという間に人気をさらってしまいました。

もうひとつ、「エスポワール」や「おそめ」の人気が翳《かげ》る背景となったのは、出版界の世代交代が進んだことでした。

経済成長とともに出版社も大きくなり、デビューの間口が広くなったところで若手の作家や編集者が続々と活躍しはじめます。しかし彼ら出版界の新世代が銀座の「夜の文壇」にもデビューしたかといえば、そうではありませんでした。

「エスポワール」や「おそめ」には、従来どおり大物作家やベテラン編集者がいます。新進気鋭の作家、編集者たちは、大御所と出食わす可能性が高い場所を敬遠したのです。

古くからの常連客は次第に歳をとり、自然と銀座から足が遠のいたり亡くなったりする一方、新しい世代が新たな常連客となるわけでもない。かつての賑わいが嘘のように、「エスポワール」も「おそめ」も寂しくなっていったのです。

そして伝統は受け継がれた

それでも、銀座の文壇バーの灯りが消えることはありませんでした。「エスポワール」「おそめ」の人気後退と時期を同じくして、新たに小さなバーが次々とオープンします。

たとえば「葡萄屋」は「エスポワール」で働いていた井上みち子さんが開いたお店。私も働いていた「眉」は、「おそめ」で働いていた長塚マサ子さんが開いたお店です。

両店から独立した女性が開いたお店以外に、新宿から銀座に移ってきた「ゴードン」や、元・東映女優の山口洋子さんが開いた「姫」など、もともとの銀座の流れを汲まないお店もありました。

東映女優だったママのお店だけあって、「姫」には梅宮辰夫さんや五木ひろしさん、テレビ局や芸能事務所のお偉いさんなど、芸能界のお客様が多くいらっしゃいました。

五木さんのヒット曲『よこはま・たそがれ』の作詞は山口洋子ママ。もとを辿れば、五木さんは「姫」でよく歌っていて、その歌唱力が「姫」に来ていた業界の方の目に止まってデビューのきっかけとなったそうなのです。

新しいお店ならば大御所たちと鉢合わせる可能性も低い、ということで出版界の新世代の人々も多く訪れるようになります。

文壇バーという銀座文化のバトンは、こうして「エスポワール」「おそめ」から、これら新しいお店へと引き継がれました。

そして「眉」からは「エル」「小眉」「ザボン」、「葡萄屋」からは「魔里」「まり花」、「姫」からは「順子」「麻衣子」が独立、さらに「眉」から独立した「エル」からは「ドレス」が独立し……というように、文壇バーの系譜は脈々と続いてきたのです。

第2章

「眉」デビューと「ザボン」の始まり

「丸の内のビジネスガール」が夜の世界へ

「会社、辞めたいんです」で訪れた転機

銀座へ来る前の私は、丸の内のビジネスガールでした。今で言うオフィスレディ、ＯＬですね。鹿児島の高校を卒業したあと、専門学校で和文タイプを習い、鋼鉄会社の秘書部に就職したのです。

当時、丸の内で働く者は「都会派」とみなされて、羨ましがられたものでした。

昭和三十九年（一九六四）、テレビではコメディタッチのミュージカルドラマ『若い季節』が大いに受けていたころです。

銀座の化粧品会社を舞台に、そこで働く若者たちのお話で、出ていたのは渥美清、黒柳徹子、坂本九、三木のり平、それにハナ肇とクレイジーキャッツの面々。主題歌をザ・ピーナッツが歌って、作詞はあの永六輔さん。日曜の夜の放送で、日本中、みんなが見ていたといってもいいくらいの人気番組でした。

そんなわけで、丸の内のビジネスガールであるということは、私にとって大いに自慢でもありました。

いたって地味な職場でしたが、私はそこで、私の人生を変えることになる人に出会ったのです。囲碁の棋聖《きせい》といわれた藤沢秀行先生です。勤めていた会社の役員の方が秀行先生に囲碁を習っておられて、その授業料をお届けするのが私の役目でした。

いつものようにお届けしたその日は、秀行先生と将棋の米長邦雄先生、真部《まなべ》一男先生がお酒を飲みながら、お話されているところでした。

お使いの用事をすませたあと、「仕事はどうだい」と秀行先生に聞かれて、私が思わず「会社、辞めたいのですが……」と口にすると、いきなり「じゃ、銀座へ出るか」と大きな声で楽しそうにおっしゃいます。

先生のいう「銀座」がどういうものかまるでわからぬまま「はい、銀座へ出ます」と言ったその夜、先生のお馴染みのクラブ「眉」へ連れていかれ、それが私の「銀座デビュー」でした。

「眉」での夢のような日々

それから数ヶ月後、会社を辞めて「眉」に初出勤しました。

もとより銀座のクラブやお勤めについての知識など持ち合わせぬ素人同然の私でしたので、大先輩のお姉様たちには口もきいてもらえません。けれども年の近いお姉さんたちは親切にいろいろと教えてくれて、私はたちまちお勤めが楽しくなりました。

お店に来られる方たちは、田舎者の私でさえテレビや新聞・雑誌でお顔を見たことのある有名人ばかりです。政界、財界、文壇の大物たちが目の前に座っていて、これこそカルチャー・ショックというのでしょうか、身体が震えました。

何を喋ってよいのかわからぬままお席について、聞かれることにただ返事を繰り返すばかりの毎日でしたが、胸がわくわくして、ここが私の生きていく場所、私がいちばん好きな場所になるに違いないと確信しました。
「眉」のお客様といえば、たとえば講談社、小学館、新潮社、文藝春秋など出版社の社長や役員のお歴々、そして各誌の編集長、編集者の方たち。

　作家の先生方のお名前を挙げれば、源氏鶏《けい》太《た》、五味康祐《やすすけ》、柴田錬三郎、吉行淳之介、遠藤周作、北杜夫、近藤啓太郎、丸谷才一、松本清張、星新一、庄司薫、女性では瀬戸内晴美、曾野綾子、有吉佐和子の先生方。漫画家なら手塚治虫、さいとう・たかを、石ノ森章太郎、サトウサンペイ、東海林さだおという先生方。

　フジサンケイグループの鹿内信隆さんも「眉」の常連でした。フジテレビの軽井沢の別荘「バードハウス」や箱根の「彫刻の森美術館」で開かれるパーティには、「眉」から八人ほどがお手伝いに呼ばれたものです。パーティには鹿内さんの奥様もお出になられていて、お茶道具の説明をしてくださったりして、とても勉強になりました。

　このほかにも、まだまだ挙げればきりがないほど、数え切れないほどの大作家や財界の著名人が、毎晩、店に来られて歓談されるのです。お話の内容などまるでわからないまま、数年があっという間に、夢のように過ぎていきました。

「銀座のママ」は憧れと尊敬の存在

そのころは財界や文壇、各界のパーティが毎週のようにあって、ドレスや着物をあつらえるのに明け暮れました。パーティ会場には「眉」、「エスポワール」、「葡萄屋」、「らどんな」といった銀座のクラブの大物ママたちがずらりと並んで、それは圧巻でした。

大物ママといえば、「おそめ」のママは、当時はもう銀座を引退されていましたが、たまに「眉」に遊びにこられるのをお見かけしたことがあります。

そういえば、あるパーティに行ったときのこと。人から伝え聞いたところによると、「エスポワール」のるみ子ママが、私を見て「あの子、どこの子？」と厳しい目を向けていたそうなのです。

その日、私は少し派手なドレスを着て行ってしまい、それが周囲から浮いていて目についたのでしょう。「あれは『眉』の子ですね」という返事を聞いたるみ子ママは「あ、そう」で終わったようなのですが、こんなふうに若手が大先輩のチェックを受けるというのも日常茶飯事でした。

とくに「エスポワール」、「葡萄屋」、「らどんな」などのママたちは銀座の歴史の一部であり、伝説のママたちです。

それだけに、私のような新参者にとっては睨まれると恐ろしい存在であり、と同時に、銀座の文化を確かな才覚と人間力で守ってこられたという、憧れと尊敬の対象でもありました。

そのころバーというと、「ラ・モール」、「エスポワール」、「おそめ」、「眉」、「葡萄屋」、「姫」、「眉」の地下には「魔里」の流れを汲む「まり花」もありました。

小松左京先生と星新一先生は同じSF作家ということで、銀座でもご一緒することが多かったようです。小松先生は「まり花」がいちばんのお気に入りでした。

「まり花」は「葡萄屋」からの流れを汲む超人気店。小松左京先生、星新一先生、吉行淳之介先生、遠藤周作先生、北杜夫先生、司馬遼太郎先生、芸能界だとタモリさんもよく行かれていました。とにかく世の中の人が見たら度肝を抜くような顔ぶれが毎晩おそろいになるという点では「眉」に引けをとりませんでした。

ただ、「まり花」は小さなお店だったので、たびたび入店できないことがある。そんなときに、星先生は「眉」にいらっしゃいました。「まり花」と「眉」を行き来するのです。マンガ家であり、ＮＨＫの「連想ゲーム」などのテレビ番組でも大人気だった加藤芳郎先生とご一緒のこともよくありました。星先生と加藤先生はお二人とも非常に陽気で、お二人そろうと夜中に一緒に歌い出したりするなど本当に楽しいコンビでした。

　このように、文壇バーのママたちは、それぞれ、文壇から芸術界、芸能界、政界、財界にまで顔が利く影の実力者でした。単なる水商売の女性ではないのです。

駆け出しの「銀座の女」、よく遊び、よく学ぶ

紀伊國屋書店・田辺茂一さんの遊び方

「眉」時代で忘れてならないのは、紀伊國屋書店オーナーの田辺茂一さんです。田辺さんは毎晩、〝夜回り〟と称して銀座に飲みに来られます。大きな声で「ガハハー」と笑われるのが楽しく面白い方で、銀座文化を大いに育ててくださいました。

私は二年間ほど田辺さんの鞄持ちをつとめたことがあるのですが、銀座が跳ねたあと、よく六本木のゲイバーに連れて行っていただきました。

そのときの経験は後に私がお店を持ったとき、ずいぶん役に立ちました。当時「ねずみ小僧」という面白いお店があって、歌あり踊りありのそれは楽しいお店でしたが、

そこでのチップの出し方や、粋な遊びかた、お客様をもてなす作法などは、今もお手本にさせてもらっています。

紀伊國屋演劇賞など文化芸術の振興に熱心で、「日本一の文化人」と呼ばれた田辺さんは、六本木での遊び方にまで洒落が利いているのでした。ふとしたしぐさや座の盛り上げ方を見ては、「なるほど、こうやって遊ぶんだな」と思ったものです。

田辺さんには、また別の意味でびっくりさせられたことがありました。

紀伊國屋の新潟店オープンのときに、作家の澤野久雄さん、船山馨《かおる》さんと一緒に講演されたので、「エスポワール」の女性たちと一緒にお供に行き、講演会を終えた夜、私は宿の田辺さんのお部屋に伺って、体をマッサージして差し上げていました。

やがて「もういいよ」とおっしゃるので「今日はお疲れさまでした。では、お休みなさいませ」と言って部屋を出ようとすると、「ちょっと待ちなさい」と。「はい？」と振り返ったら、「はい、お土産」と言って、なんと浴衣の前をパッと開けたのです。

私はもうびっくりして、「きゃー！　何がお土産よ！」と言って部屋を出ました。粋で遊び上手な大人の男性でしたが、たまにこういうお茶目なことをする面白い方でした。

紀伊國屋演劇賞のパーティは文壇の方以外に、演劇人や音楽関係者が大勢お集まりになる大きなパーティでした。こまつ座の井上ひさし先生と好子夫人、作曲家の團《だん》伊《い》玖《く》磨《ま》先生、松前重義さん、セゾングループの堤清二さん、そして多くの女優さんたちと一緒に撮った写真がたくさん残っています。

そのなかでもひときわ目立っているのがクラブ「エスポワール」の川辺るみ子ママです。とても綺麗でした。あちらには水上《みずかみ》勉《つとむ》先生がよくお通いになられていました。私は「ザボン」を開いてから二度、水上先生の軽井沢の別荘にお邪魔したことがありましたが、仕事場の横でお嬢様が越前紙人形を制作しておられたのが印象的でした。どれも美しい芸術作品で、貴重なものを見せていただくだけで幸せでした。

有吉佐和子先生、庄司薫先生との思い出

やはり「眉」時代のこと。芥川賞・直木賞の授賞パーティの帰り、有吉佐和子先生とご一緒に、庄司薫先生の車で店に向かったことがありました。

このとき庄司先生は丸の内の通りに無断駐車していて、駐車違反の紙を貼られてしまったのです。私もお二方のお供をして丸の内署まで車を引き取りに同行しました。有吉先生は「芥川賞の授賞パーティに出るために、ほんの三十分停めただけなんだし、大目に見てくださいよ」とおっしゃったのですが、若いおまわりさんは規則一点張り。ツッケンドンな態度で、話になりません。

最後には有吉先生が「あなた、私たちを知らないの？」と詰め寄り、おまわりさんは「ぜんぜん知らないですね」なんて言い返す。とうとう有吉先生は怒ってしまわれましたが、仕方ありません。罰金を払い、そのあとは私のために「眉」に同伴してくださいました。

おふたりとも人情味があって優しい方たちでした。店についてからの佐和子先生は災難なんてなかったようなお顔をされて、「あなたは着物のセンスがいいわね」などとお褒めの言葉をくださったり、楽しげにお話しされる姿が印象的で、カラリと素敵な先生でした。

東海林さだお先生、サトウサンペイ先生との思い出

東海林さだお先生とサトウサンペイ先生も、よく「眉」に、そして「ザボン」にもお見えになりました。

お二人ともたいへん上品で素敵で、ハタから見ていると兄弟ではないかというくらい、いつもご一緒でした。いくらお酒を召し上がっても乱れることなく、いつも面白いことばかり言い合っている本当に楽しいお二人なのです。

よくお見えになったのは、東海林先生は毎日新聞で「アサッテ君」、週刊文春で「タンマ君」、サトウ先生は朝日新聞で「フジ三太郎」を連載していた頃。ですから、新聞社や文藝春秋の方とご一緒のこともよくありました。

あるときなどは、東海林先生、サトウ先生、朝日新聞社の方たちと熱海に旅行に行くことになったのですが、何だかおかしな晩になりました。

誰が言い出したのか、一晩中、みんなでポルノ映画を見ることになったのです。映画やドラマと違って何本見ようと、みな「していること」は同じだし、みんなで見て

いるからどうということもないし、ただ延々と同じものを見ているようで、結局徹夜したぶん疲れてしまいました。先生方は楽しめたのでしょうか……。

銀座が跳ねた後の六本木

六本木の会員制サロン「西の木」は夜中になるとセレブが集まる場所で、バブルの頃は私も通ったものです。

オーナーの栗ちゃんはお花を活けるのがとても上手で、お店にはいつもとても大きな花が美しく飾ってあり、高級感のあるお店でした。栗ちゃんは、お茶のお点前もお上手で、勅使河原宏監督の映画にも出演された役者でもあります。「西の木」を引退したあとはニューヨークで花の個展を催したり、お茶の師匠をされながら、雑誌『婦人公論』や『家庭画報』のグラビアにも出ていた有名人でした。

本名は栗崎さんで、お店の名前が「西の木」。栗の字を分解すると「西」と「木」になるという洒落た名付けです。栗崎さんは俗にいうオカマちゃんで、話題が豊富で、広い人脈を持った文化人でした。

いわゆる「ゲイバー」はすでに街にたくさんありました。しかし〝栗ちゃん〟と親しまれた栗崎さんのお話の面白さ、話題の豊富さ、機転の利き加減は別格でした。頭の回転が速くて、客あしらいも絶妙。そんな栗崎さんに会うために、毎夜、財界人や有名芸能人たちが集まる「西の木」は、六本木でいちばん華やかなお店だったのです。

六本木には「西の木」の栗崎さん以外にも有名なゲイバーが多数ありました。「西の木」にはステージはありませんでしたが、ほかのゲイバーにはたいていステージがあり、ショータイムに見せてくれる踊りは、それはもう見事なものでした。芸によってチップが一万円になったり千円になったりするので、彼ら（彼女たち）は切磋琢磨して芸を磨いているのです。

六本木へは、先に述べた紀伊國屋書店の田辺さんとご一緒させていただくこともよくありました。田辺さんはオカマちゃんが一曲踊るごとに、チップの一万円札を灰皿の下やお花の陰や、いろいろなところに隠すのです。それをオカマちゃんが先を争って見つけようとキャーキャー言う。みんな盛り上げ上手で楽しい夜をたくさん過ごしました。

「眉」を辞めて「ザボン」を始める

銀座で遊ぶ男の鑑、岩田専太郎さん

勤めていたバーを辞めて自分のお店を開くというのは、同じ銀座、同じ業態ですから、やはりお互いに心中は複雑なものです。

自分のもとで育てたお店の女の子に辞められるのは惜しいものでしょうし、一方、独立する側にも、自分の店をもてるというわくわくした気持ちと同時に、お世話になったママへの申し訳ない気持ちや、「銀座でやっていけるだろうか」という不安があります。それ以外にも、銀座という場所で女が一人でお店を始めることには、さまざまな事情が絡む場合も少なくありません。私は「眉」から独立しましたが、「眉」は、

「おそめ」から独立したマサ子ママのお店です。

その「眉」が誕生した背景には、こんな事情がありました。

「おそめ」の常連さんに、岩田専太郎さんという有名な挿絵画家がいらっしゃいました。マサ子ママが独立すると、専太郎さんは「眉」に通うようになったので、「おそめ」のママは、マサ子ママを、あまりよく思っていなかったかもしれません。

マサ子ママは「おそめ」で働いていたころ、じつは奥様のいる専太郎さんといっとき同棲していました。当時、専太郎さんは主に『オール讀物』の表紙絵を描いていましたが、それはいつも同じ女性の絵、そのモデルは誰あろうマサ子ママでした。

かようにマサ子ママを想っていた専太郎さんでしたが、しばらくすると、別の女性に心移り。怒ったマサ子ママは、専太郎さんの新しい彼女をビンタしてしまいます。

すると専太郎さんは数百万円ものお金をポンとマサ子ママに渡して、「これで店を出せ」と言ったのです。こうしてできたのが、「眉」でした。

専太郎さんが本当にご立派だったのは、その後だと思います。開業資金を出しただけではなく、マサ子ママのお着物代はすべて専太郎さんが出していました。「眉」が開業した昭和三十四年（一九五九）から、専太郎さんが亡くなる昭和四十九年（一九七四）までずっと、です。

さらに専太郎さんは、ご自身が常連となるだけでなく、付き合いのある作家や編集者をたくさん「眉」に連れていらっしゃいました。「眉」が文壇バーとして名を馳せたのは、専太郎さんのお力によるところが大きかったのではないでしょうか。

恋心は別の女性に移ってしまったけれど、一度は深い仲になったマサ子ママのことは最期まで気にかけていたのです。

専太郎さんといえば、もうひとつ思い出すことがあります。

「眉」で働いていたころ、私は、マンションで専太郎さんの奥様とお隣さん同士になったことがあります。そうとは知らずに引っ越したのですが、マンションの管理人から、あの専太郎さんの奥様が隣に住んでらっしゃると聞いて、すぐにごあいさつに伺いました。

「水口素子と申します。『眉』で働いているんです」と自己紹介すると、奥様は軽い口調で「あら、『眉』の子なのね。あそこのママのことは私、ぜんぜん恨んでないのよ」とおっしゃいます。

ところが「でも一人だけ許せない人がいるのよ」と言葉を続けられたので、「何があったんですか」と聞くと、マサ子ママの次に付き合っていた女性が、亡くなられた専太郎さんの作品をほとんど持って行ってしまったそうなのです。専太郎さんは著名な画家でしたから、それはつまり遺産を奪われたということ。奥様が「一人だけ許せない人がいる」と怒っていたのも当然のことでした。

「あんた、今日でクビよ」

いっぽう、私が「眉」から独立したいと伝えたときは、マサ子ママに「素人から仕込んできて、これからというときに辞めるの？　あんた、いつ恩返しするのよ」と言われてしまいました。

そのころは「眉」から独立した姉妹店が四十軒ほどもあり、マサ子ママが「またお客様が分散してしまう」と苦々しく思っていたとしても無理はありません。

私は「すみません。でも恩返しはこれからしていきますので」と精一杯、伝えました。禍根を残すような辞め方だけはしたくなかったのです。店は辞めても、受けたご恩は忘れませんし、必ず返しますと示すことが私なりの仁義の切り方でした。すると最後にマサ子ママは「あんた、今日でクビよ」と一言。

これは、決してマサ子ママが意地悪だったわけではありません。お店の子が辞めて独立するというのは、競争相手が一人増えるということ。だから銀座では、自分のお店、ひいてはそこで働く子たちを守るために、独立する子にはママから即刻クビを言い渡す習わしだったのです。

つまり、開店準備が整うまでお店に置いてもらえるほど甘い世界ではないということ。言われるほうもそれがわかっていますから、誰もママを恨んだりはしません。ただ、後になって独立した身の厳しさを感じたというのも事実です。たとえば文壇のお歴々が集まるようなパーティに「ザボン」から私が出席すると、マサ子ママがニコニコしながら近づいてきて、「あんた、早く店に帰りなさいよ」とせっつきます。顔ではニコニコしながら牽制《けんせい》するという、厳しい世界でもありました。

「独立一周年祝いの花」に込められた意味

さて、独立して開いたお店が一周年を迎えると、ようやく出身のお店のママからお祝いのお花が届くというのも、銀座のクラブの習わしです。

お花をいただけるということは、ママに自分のお店を認知してもらえたという証。開店したタイミングでないのは、不義理や裏切りなど、よからぬ動きを見せないかどうか様子を窺っているのです。そのうち何割かは、「あの子、ちゃんとやってるかしら。一年で潰れたりしなきゃいいけど……」という親心なのかもしれません。

だからというわけではありませんが、私は、いわば親元である「眉」のことは、辞めてからも大切に思っていました。

私たちの仕事は「信用」が何より大事です。「エスポワール」や「おそめ」といった老舗で修行した人が開いたお店はゼロからのスタートではなく、いわば最初から「信用」という看板がついているようなもの。

もちろん本当に愛されるお店にできるかどうかはママの手腕次第とは思いますが、

「元・エスポワール」、「元・おそめ」といったことで、よい客筋に恵まれやすかったのは大きかったでしょう。

「おそめ」の系統の「眉」から独立した私も、その点では恵まれていました。

お店を開いてすぐに「君は『眉』にいたのだから信用できるね。今後、使わせてもらうよ」と大手出版社の方たちが贔屓にしてくださいました。社用として使ってくださるので、その方たちが定年退職されたあとも会社とのお付き合いは途切れません。それでやってこられたのですから、本当にありがたいことです。

とはいえ、私も「眉」への礼儀は尽くすように徹底しました。もしも「眉」の常連のお客様が「ザボン」に見えたら、「先生、『眉』にも行かれましたか？　まだでしたら、これから行ってくださいね」と言って、「眉」までお送りするのです。これは私だけでなく、みんな当たり前のようにしていたことです。義理人情に厚い人の集まる銀座では、きっちり仁義を守ることが信用につながるのです。

もし、「眉」のお客様に「これからは『ザボン』だけに来てくださいね」なんて言ったら、むしろお客様の信用を失い、「君のところには絶対に行かない」と言われていたでしょう。

銀座に親しんでいたお客様には、たいてい贔屓のお店が複数あったものです。「眉」から「ザボン」へ、「ザボン」からまた別のバーへ……という具合に、ひと晩で3〜4軒はハシゴしていたのではないでしょうか。

そういう遊び方で銀座という街、文壇バーという文化を支えているのですから、「うちだけを贔屓にして」なんて言うママはたちまち敬遠されてしまうのです。

「ザボン」が一周年を迎えたとき、「おかげさまで何とか一年、やってこられました」とマサ子ママに案内状をお送りしたら、すぐにお花が届きました。ようやく一人前の銀座の女と認めてもらえた気がして、とてもうれしく、と同時に安心したことを覚えています。

手探りのお店づくり

命名は丸谷才一先生、メニュー設計はサントリーさん

ここで話は独立すると決めた頃に戻ります。

周りの方たちの勧めで自分のお店をもつことになった私には、まず開業資金が必要でした。「眉」で働く間に貯めた５００万円に、国民金融公庫から借りた３００万円を加えた８００万円。三坪、十席のお店なので、私にも手の届く範囲だったのです。

本当ならばお店が軌道に乗るまでの運転資金も自分で準備すべきところでしたが、それは免れました。ありがたいことに、「眉」の常連の方たちがたくさんご祝儀をくださったからです。

店名は「ザボン」に決まりました。「ザボン」とは鹿児島名産の柑橘類・ボンタンの別称です。鹿児島出身の私にちなんで、丸谷才一先生が命名してくださいました。

バーを開くわけですから、当然、お酒など飲み物は欠かせません。当時、海外土産の高価な洋酒といえばアメリカのバーボン「ジョニーウォーカーブラックラベル」、通称「ジョニ黒」でしたが、「ザボン」はシングルモルトのスコッチウイスキー「グレンリベット」の専門店とすることにしました。

シングルモルト・ウイスキーはジョニ黒の上を行く高級酒というイメージだったのです。そのころは明治屋でしか買えなかったミネラルウォーター「ペリエ」を置くことにしたのも、当時としては早かったと思います。

とはいえ、これらは私が考えたことではありません。お酒は何にするか、お水は何にするか、おつまみにはどういうものを出したらいいか、お客様の単価はどれくらいに設定したらいいか……何もわからないに等しい私に、ゼロからお店の経営方針を指導してくださったのは、サントリーの丸山紘史さんという方でした。

サントリーは、会長さんも社長さんもよく銀座で遊んでいらして、「眉」の常連でもあったのです。社員の方たちもたくさん「眉」に来てくださっていました。

サントリーといえば日本を代表する酒造・販売企業。自社の売り上げを伸ばすために「銀座で飲むこと」もサントリー社員の方たちの仕事のうちでした。

サントリーの社屋の屋上では定期的に「銀座の夕べ」というパーティが開かれていました。これは銀座のママだけを招待して、サントリーの会長や社長が私たちをもてなしてくださる、というもの。何とも恐れ多い話ですが、とても楽しい会でした。

「ザボン」の店づくりをゼロからアドバイスしてくださった丸山さんは、営業マンとして早くも頭角を現し、やがては役員も務められた方です。

丸山さんが「単価は5000円になさい」とおっしゃるので、「5000円なんて安すぎませんか？　それじゃ店が潰れてしまいます」と返したら、「あなた、三坪の店でそれ以上出してもらえると思ってるの？」と言われて、ぐうの音も出なかったこともありました。

好調な滑り出しに胸が高鳴る

そしてついに「ザボン」は開店の日を迎えました。

「眉」での数々のご縁、そしてメニューや単価の設定にプロの手を借りることができたおかげで、最初から素敵なお客様がたくさん来てくださいました。著名な作家の先生方や、テレビで目にするような有名人の方たちが「私のお店」に来てくださっている……。好調な滑り出しに、私の胸は高鳴りっぱなしだったことを思い出します。

「ザボン」が開店して間もない頃には、警察・防衛官僚だった佐々淳行さんもいらしてくださいました。

ある日ふらりといらして、「探しに探してやっとたどりついた。いい店じゃないか」なんて言ってくださる。佐々さんは、学生運動が吹き荒れる一九五〇〜一九七〇年代に「東大安田講堂事件」「あさま山荘事件」「ひめゆりの塔事件」など、学生運動や新左翼のテロに対する警備を数多く指揮された方です。数々の修羅場を経験されていますが、お店では穏やかなご様子でお酒を楽しむ紳士でした。

その佐々さんのお隣には丸谷先生。私ひとりのお店ですからバタバタしてしまって、あまりお相手ができなかったのですが、お二人が並んで話されていた姿は鮮明に覚えています。丸谷先生は文学賞の内幕をお話され、今度は佐々さんが官僚と大臣の国会での答弁の内幕をお話されるという具合でした。

サントリーの丸山さんの指導のもと、「ザボン」のウイスキーはグレンリベットにしようということになったというのはすでにお話ししましたが、これには後日談があります。

ある日、サントリーの鳥井信一郎社長がグレンリベット社の社長を「ザボン」にお連れになったことがありました。その方は店のボトル棚にずらりと並んだグレンリベットを見て、「わが社のウイスキーが日本人にこれほどたくさん飲まれているとは、なんと素晴らしい」と大いに感激され、喜んでくださいました。そう褒められると私はもう鼻を高くして、一層お客様にグレンリベットをお勧めしたものです。

「ザボン」で手製の料理を出すようにしたのも、サントリーの丸山さんのアドバイスです。

「ママは遊んでちゃダメだよ。ちゃんと毎日、自分でおつまみをつくって、カウンターに並べなさい」と言われて、毎日いろいろな料理をつくりました。簡単なものが多かったのですが、ときにはちょっと手の込んだ「ハンガリアングーラッシュ」（シチューのような煮込み料理）などもつくりました。アメリカ大使館員の奥様も召し上がって、「おいしいわ」と気に入ってくださったのは私の自慢です。

開店当時のお客様は、丸谷才一先生をはじめ、作家の新田次郎先生、常盤新平先生、星新一先生。イラストレーターの黒田征太郎先生、新進気鋭のコピーライターだった林真理子先生。新聞社や出版社の方々も大勢おいでになりました。新潮社からは齋藤十一《じゅういち》さん、山田彦弥さん、文藝春秋からは当時編集者だった半藤一利さん、田中健五さん、豊田健次さん、新野良平さん。

でも、何しろたったの三坪のお店で、十人も入れば満杯です。せっかく来てくださったのに、席が空いていなくてお断りしなくてはいけないこともありました。毎晩、最低でも二回転はしていたと思います。

文化人が集まる店にしたい

銀座のクラブというと、べらぼうに高いというイメージがあるようですが、文壇バーはその限りではありません。

大企業の接待交際に使われるようなクラブは単価8～10万円が当たり前。一方、文壇バーにいらっしゃるのは基本的に個人のお客様です。ときには出版社が社用で盛大に使ってくださることもありますが、ほとんどのお客様が企業に属さない作家や芸術家であり、会社員であってもポケットマネーでいらっしゃる場合のほうが多いのです。

そういう場所ですから、高いお金をいただくことはできません。私がいた「眉」ですら、有名な一流店にもかかわらず単価2～3万円でした。もちろん飲み代としては高いほうですが、銀座のほかのクラブに比べたら破格に安いのです。

それでも「眉」にいらっしゃる方々といったら、毎晩、錚々《そうそう》たる顔ぶれです。文壇の先生方は、よく「『眉』は他の店とは中身が違う。ここは文化人の集まる店だからね。素子ちゃん、この店のそういうところをよく学ぶんだよ」と異口同音におっしゃっていました。

だから「ザボン」も、サントリーの丸山さんが指導してくださったように、単価は低めに設定して、その代わりに文化人が多く集まる場所にしたいと思いました。

目指したのは、作家や芸術家に限らずとも、文学や映画、歌舞伎、スポーツなどに親しみ、文化的な話を楽しめる方々に愛されるお店です。お店にくれば、面白い人に会える、そんな「出会いの場」を目指したのです。

実際に、ラグビーやサッカーの応援団や、歌舞伎の同好会の方々など、ずいぶんと面白い方たちにも使っていただけるようになり、いっそう「ザボン」は賑やかになりました。

当時ハーバード大学の日米関係プログラム初代事務局長を務めていらしたケント・カルダーさんが、ＮＨＫ出版の方とお見えになったのも、開店したてのころでした。

その後も常連になってくださって、カルダーさんが『自民党長期政権の研究』をお書きになるときには、私もマネジャー的なお手伝いをしたものです。このときは常連客のおひとりだった文藝春秋の茂木一男さんをご紹介して、自然に出版のお話が進んでいったのだと思います。遅くまでお酒を飲みながらお話をするのが、この本の打ち合わせの時間でした。

そんなわけで、後日、カルダーさんが笑いながら「契約書も交わさずに本を出したのは初めての経験だった」とおっしゃられたときには驚きました。契約について心配していらしたとは露ほども思わず、逆に、「ザボン」という場をそれだけ信頼してくださっていたことに感銘を受けました。

カルダーさんはその後も次々と著書を刊行され、ジョンズ・ホプキンス大学エドウィン・Ｏ・ライシャワー東アジア研究センター長を経て、現在は同大学高等国際問題研究大学院（ＳＡＩＳ）の副学長をされています。裏千家の茶道もおやりになり、毎年、初釜に参加されるほどの日本通です。四十年経った今もお付き合いは続いており、大切なご常連のおひとりです。

冗談上手な福田康夫先生

「ザボン」開業の昭和五十三年（一九七八）といえば、四月に池袋に超高層のサンシャイン60がオープンし、五月に成田空港が開港した年です。街はディスコブームで、銀座が跳ねた後、渡辺淳一先生や編集者の方たちに連れられて、六本木のディスコクラブ「クレイジーホース」に通ったのもこの頃のことでした。

日中平和友好条約が結ばれたのもこの年の八月。日本の総理大臣は福田赳夫《たけお》先生でした。ご自身ものちに首相を務められた福田康夫先生はお父様の首席秘書官をされていて、「ザボン」へはこの頃から、時々お友達連れでお見えになっていました。

オープン当時のことです。福田康夫先生がドアを開けて入ってくるなり、「お客はどこに座るんだい」と一言。店があまりにも狭いのをからかっての冗談口です。先にカウンターの席を陣取っていらしたお客様たちは大笑い。こんなふうに、お若い頃からサラリとしたお洒落な冗談がお上手で、いつも私たちを楽しませてくださる方でした。それなのに私ときたら、いつも忙しい合間を縫って駆けつけてくださる、このロサンゼルス帰りの超エリートに向かって、いとも気安く「また来てね！」などと声をかけていたのですから。気の利いた言葉も言えず、今にして思えば若さなのか馬鹿さなのか、根っからの天然ボケというか……これは今も治りません。

ある晩、康夫先生が「君、いいものを着けているね」と私のアクセサリーを褒めてくださったことがありました。それは外国を旅した折に免税店で買ったもので、「これね、ダーティフリーで買ったのよ」と私が言うと、康夫先生はフッと笑って「冗談がうまいね」とおっしゃる。

当の私は「あれ？　何か冗談なんて言ったかしら」と思ったのですが、すぐに気づきました。「デューティフリー」と言うべきところ、当時クリント・イーストウッド主演の映画『ダーティハリー』が流行っていたので、言い間違えてしまったのでした。

福田康夫先生とのご縁はそれからも続き、現在も年に二回ほど「ザボン会」と称する食事会に参加していただいています。メンバーは作家や編集者の方たち十名ほど。最初は銀座の「ザボン」にお集まりいただいていたのですが、後に私が赤坂に開いた蕎麦割烹「三平」に会場を移し、そこを閉めてからは、日比谷の「松本楼」をお借りしています。

「松本楼」の初代オーナーと姻戚《いんせき》にあった梅屋庄吉という方は明治時代の孫文の「辛亥革命」を援助した人で、日活の創立者の一人としても有名です。その松本楼で会を催せることは私の自慢でもあり、楽しみでもあります。この回にはカルダーさんも時々参加されています。

第3章
バブルのころの銀座

「儲からない商売」に勤しむ

「ザボン」の引っ越し

「ザボン」は三坪のささやかなお店でしたが、カウンターの小さな椅子に面白い方たちが毎晩のように見えるので、アメリカ大使館のみなさんもよく通ってくださいました。「ザボン」に行けば、日本の著名人たちに会えるというわけです。

大使館員のSさんもその一人でした。青い瞳に髪はブロンド、背が高くてスラリとした私好みのタイプ。そのSさんがカウンターの椅子に座って流暢な日本語で冗談を言われるので、居合わせたお客様はいつも大笑いです。

Sさんとは、「ザボン」で飲み友達になられた画家の村上豊さんの個展パーティにご一緒したり、銀座が跳ねたあとに六本木の「西の木」などへもよく一緒に行きました。

後日、Sさんのご自宅に招かれたとき、奥様から「彼はいつも明け方に帰って来るけど、いったいあなたのクラブは何時までやっているの」と聞かれたので、「お店が跳ねたあとにお客様をお連れして六本木に行くのです」と、私はその頃の銀座、赤坂、六本木の賑わいを自慢げにお話ししたのでした。

「日本人はそんなに遅くまで遊ぶんですか」と呆れられてはいましたが、気さくな奥様はその後も快くもてなしてくださいました。

毎日、大勢の方がご来店くださり、三坪ながら「ザボン」の出だしは好調でした。時々、満員で入れなくなることもあって、もう少し広いお店を持ちたいと思ったのは二年目のことです。経営の面も順調で、借り受けた300万円も一年で返済することができたので、思い切って引っ越しを考えました。

今度は新築のビルです。電通通りに面した銀座美術館ビルの九階で、広さは十三坪。

テーブル四卓とカウンター席が十席の、少し広いお店になりました。新築なので契約金と内装代にお金がかかりましたが、自己資金１０００万円に、再度、金融公庫から２５００万円を借り入れて、十年払いでの資金調達でした。

そのころ、私と同じクラブ「眉」出身で自分のお店を持った人たちは、アパート経営やマンション購入などの投資をしながらお店を続けていましたが、私はひたすらお店の拡張に勤しんでいました。

初めてお店を持ったとき、吉行淳之介先生が「文壇バーなんて儲からない商売より、カラオケを入れて儲ければいいのに、馬鹿だねえ、キミは」と、丸谷先生と顔を見合わせながらおっしゃったことがあったのですが、たしかに、そういう考え方ができないところは私の欠点かもしれません。

でも私には、かえってそれがお褒めの言葉のように思えて嬉しかった。このときのなんともいえない誇らしさは、忘れられません。

「女の子の募集」にも、ひと工夫

お店が広くなり、初めて従業員として女の子に来てもらうことになるのですが、ここで私は趣向をこらしました。

当時としては珍しかった「グレンリベット」や「ペリエ」を置くと決めたのと同様、お店の女の子に関しても、他のお店とは一風変わったことをしたかったのです。「ザボン」のお客様にはアメリカ大使館の方も多かったので、英語のわかる女の子がいいと考え、英字新聞でホステスを募集することにしました。

募集広告を出すのは、すんなりとはいきませんでした。その英字新聞では、銀座のクラブのホステスの募集広告など今まで出したことがなかったため、難色を示されてしまったのです。

ですが、そこは電通の社員で「ザボン」の常連でもあった方が「このお店は出版界や政財界に多く常連がいる客筋のいい店だから心配ない」と間を取り持ってくださり、無事、募集広告を出すことができました。

珍しさもあってか、来てくれたのは優秀な女の子たちばかり。そのほとんどが英語を話せる有名大学の女子学生たちです。

ホステスとしては素人ばかりでしたが、「うちはそんなにたくさんお給料を払えないけど、いいですか？」と聞くと、「ここには外国人のお客様がたくさん来るんですよね。英語の勉強になるので、お給料は低くてもかまいません」と口をそろえて言ってくれました。

彼女たちの目的は外国人と親しくなることだったんですね。でも、いざお店に出てみると、錚々たる日本の作家や文化人の方たちとの出会いに大きなカルチャー・ショックを受けたようです。

ホステスは見た目も重要ですが、お客様と楽しくお話しできるような素質がなによりも大切です。好奇心旺盛で話の理解が早く、かつ決して出しゃばらずに会話を楽しめる。そんな機転の利く頭のよさが求められます。

「ザボン」に入った女の子たちはみな、この点でも合格でした。外国人と親しくなるという当初の目的以上に、彼女たちは各界のトップクラスの方々との会話に夢中になったようです。たちまちこの世界に溶け込んでくれて、お店の賑わいに貢献してくれました。

そういうわけで、英字新聞でホステス募集をしたのは大成功でした。でも、すぐに他のお店に真似されて新しさが失われてしまったので、一般募集に切り替えることになってしまいましたが。

「エレベーター問題」で二度目の引っ越し

引越し後もおかげさまでお店は繁盛しながらも、ひとつ困った問題が発生しました。「ザボン」はビルの九階にあったのですが、すぐ下の八階に美人が大勢いる大きなワンフロアのお店があり、エレベーターがすぐ満杯になってしまうのです。

そちらのお客さんたちが帰る際、「ザボン」でも「下り」のエレベーターを呼んでいると、エレベーターは「ザボン」のある九階に先にきてしまいます。すると八階に着く頃にはエレベーターは「ザボン」からお帰りになるお客様でいっぱいのため、なかなか一階まで降りられない。ということで、八階のお客様はあえて「上り」のボタンを押していったん八階から九階まで上ってきて、ドアが開いてもエレベーターを降りずにそのまま九階から一階へ下りようとするわけです。

そうなると「ザボン」のお客様たちは、いつまでたってもやってくるのは満杯のエレベーターばかりで乗れません。しびれを切らして階段を下りて行く人も出始めましたが、九階から一階まで下りるのは大変です。二年間我慢したのですが、このエレベーターのせいでお客さまの足が遠のいてしまってはと、また引っ越しをすることになりました。

幸いこの九階のお店は、お世話になっている財界のお客様の紹介で歌舞伎の十八代目中村勘三郎丈のお姉様が買ってくださることになり、資金の面もなんとかなりました。こうして昭和五十八年（一九八三）、「ザボン」は現在の場所、銀座六丁目のポールスタービルに落ち着きました。お店はまた少し広くなって、二十坪に拡張することができました。

赤坂に割烹「三平」を開店

料亭経営の難しさ

「ザボン」を開いて十二年目の平成元年（一九八九）、赤坂に蕎麦割烹「三平」をオープンしました。この店の名付け親もまた、丸谷才一先生です。

看板の漫画と文字は久里洋二《くりようじ》先生に書いていただいて、店内には大岡信《おおおかまこと》先生の書も飾りました。内装はそれほど高級な仕様ではなかったのですが、なんとなく文壇の雰囲気が漂ってくるような、落ち着いた昔懐かしい店に仕上がっていたと思います。

一階はテーブル席が八卓に簡単な仕切りの個室が二部屋で、二階は個室が三部屋の、蕎麦と河豚《ふぐ》とお酒の美味しい、気軽に入れる飲み屋です。この店も「ザボン」のお客様にご贔屓いただき、丸谷先生が「ここは情報発信地になるね」と言われたような、存在感のあるお店でした。

ここは渡辺淳一先生がよく利用してくださいました。作家仲間や編集者の方たちと顔を合わせる、和やかな談笑の場として使っていただいていたのです。ところが、その渡辺先生から何度か「『三平』の蕎麦は不味いので有名だぞ」と言われて、ずいぶん恥ずかしい思いをしたことがありました。

じつは、腕の良い職人さんが辞めてしまって、三ヶ月ほど既製品の蕎麦を仕入れて凌いだ時期があったのです。腕の良い職人さんに居続けてもらうのには苦労がつきものです。腕を磨けば、当然、自分の店を持ちたくなるでしょうし、板前さんや職人さんは二年もいると、修業のためと言って、よその店に移ってしまうのです。

その後、蕎麦職人は私の弟が来てくれたので定着したのですが、腕の良い板前さんはなかなか居ついてくれません。調理師会にも入会して板前さんを派遣してもらうのですが、経費の面で人の苦労は絶えませんでした。それでも二十年続けることができたのは何と言っても先生方のおかげです。

「三平」にかけた想い

銀座に「ザボン」を持ちながら、赤坂に「三平」を開いたのには自分なりの思いがありました。なんというか、私にはそのことで市民権を得られるように思っていた節があったのです。

昔から結婚願望の強かった私は、いわゆるエリートと呼ばれる男性との結婚に憧れていました。若い娘が見る夢のようなものだったのかもしれませんが、水商売の場に身を置いているために諦めなければいけないことが何度かあったのです。

それでいつも口癖のように、誰彼なしに「私、将来は結婚したいの」と言っていたのですが、映画監督の伊丹十三さんは「あなた、馬鹿じゃないの」とおっしゃった。

「だってさ、こんな店に男が通うってのはママが幸せじゃないからなので、結婚して、子どもができて……なんて、そんなハッピーな女がやってるクラブに来たがるわけがないでしょう。男はね、不幸の影がある女が好きなんだよ」

そう言われたときは、妙に納得しました。

銀座は、ここに身を置く者にとっては、昔も今も義理人情に厚い街です。それでも少し前の時代には、化粧の裏に女の悲しみを隠して働く女性もいました。

この世界のそうした一面は川口松太郎原作、吉村公三郎監督の映画『夜の蝶』（一九五七年公開）にも描かれています。けれど、いまどきの若い女の子たちは、そのような悲しみなどとはまったく無縁というか、微塵《みじん》もない世の中になりましたね。

「ギャラ飲み」というのですか、「お酒や食事をご一緒することでお金を受け取る」という、私には理解できない遊びが流行っているようですが、黒鉄ヒロシ先生に言わせれば「応仁の乱時代生まれ」の私ですから、時流についていけなくて当然かもしれません。

「おもてなし」を大切にする文化

やはり私は、銀座は〝昭和の文化〟の香り漂う夜の街が素敵だと思います。

六丁目から八丁目がいちばん華やかな銀座の顔。インポートファッションの先駆けだった「サンモトヤマ」、おしゃれなカフェ・ダイニング「三笠會館」、「いちこし」、紳士用品の「オサダ」、洋菓子の「凮月堂」、「アマンド」、おすしの「久兵衛」、焼きとりの「鳥ぎん」、おでんの「お多幸」と「やす幸」……。数え上げればきりがないほど、素敵なお店や美味しいお店ばかり。

どちらも私たちが日頃から通いなれたお店です。お客様にお勧めすれば「さすが銀座は違う」と褒めていただけるのが、銀座に働く者の自慢です。

日本中のお店が銀座を目指すからでしょうか、最近は新しい業種や業態のお店も入ってきましたし、ビルの建て替えもあったりして、雰囲気も風景もだんだん変わりつつありますが、銀座の伝統は今も息づいています。それは「おもてなし」を大切にする文化です。

昭和の銀座は、大企業の役員の方たちや各界の著名人が、毎夜、遊びに来られるということが街のステイタスでした。そうした方々は花柳会や料亭もよく利用されて、ご自身が端唄《はうた》、小唄、長唄など風流ごとのお稽古をされていて、お座敷遊びにしても粋でした。

「歌仙の会」の思い出

「三平」オープン当初から、丸谷才一先生、大岡信先生、岡野弘彦（乙三）先生のお三方が毎月一度、午後一時から六時まで、「歌仙《かせん》の会」を開いておられました。

昭和四十五年（一九七〇）頃から続いている由緒ある会とのことですが、大岡先生が病に倒れられたあとは三浦雅士先生が引き継がれ、平成二十四年（二〇一二）十月に丸谷先生が亡くなられたあと、長谷川櫂《かい》先生が参加されています。

私が平成二十九年（二〇一七）に「三平」を手放してからは銀座の「ザボン」で、毎月一度、午後一時から五時まで店を貸し切りにして続けてくださっています。「歌仙の会」はこれまでに何冊も本を出されていますが、最近では平成二十七年（二〇一五）に『歌仙　一滴の宇宙』が、平成三十一年（二〇一九）に『歌仙　永遠の一瞬』が思潮社から出版されました。

まだ「三平」があったころに、岡野先生が私のことを歌仙の付け句に詠んでくださったことがありました。

とげざりし　恋をかなしむ　老の果て　乙三

そして歌も。

かすが野の　あしびの道にしたひよる　まなこやさしき　春のさをしか　弘彦

なんと光栄なことでしょうか。素晴らしいご縁に恵まれていることに感謝するばかりです。

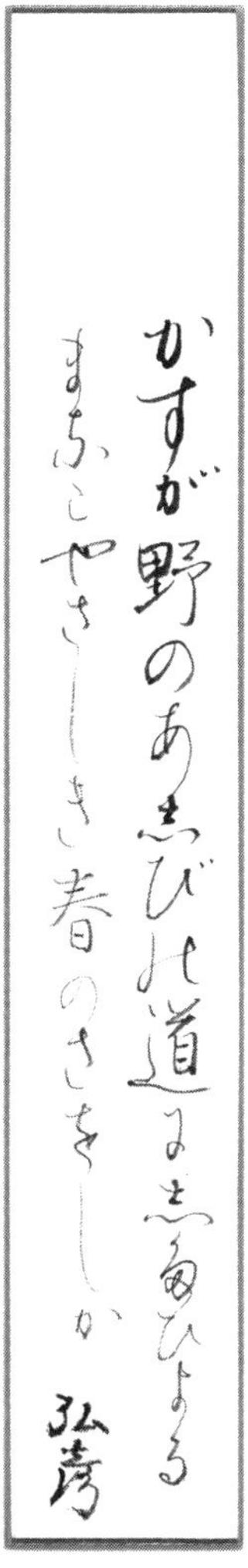

日本中が浮き足立っていた時代

「一万円札を振ってタクシーを止めた」は本当の話

平成二年（一九九〇）ごろは世の中はバブル景気で、おかげさまで「ザボン」の経営も順調でした。

銀座が跳ねてから六本木に遊びに行こうというときなど、タクシーを予約しようとしても電話がなかなか繋がらず、表に出て一万円札を片手に振ると、やっと止まってくれるような始末です。

でも、お客様もみなさん景気がよいご様子で、お見送りの際には一万円札でチップをくださる方がたくさんいらしたり、また高価なプレゼントもたびたびいただきました。振り返ってみれば、日本の社会全体がいささか調子に乗って浮かれて騒いでいた時期だったのでしょう。もう、あんな時代は二度と来ないのでしょうね。

東京ドームにマイケル・ジャクソンの来日公演を見に行ったのも、この頃かと思います。とても手に入らないと思っていたプラチナ・チケットでしたが、ある大手出版社のオーナーが手配してくださって、一番前の並びの三席をプレゼントされたのです。

お店の女の子と三人で、ペンライトを手にキャーキャーと歓声を上げながら、マイケルのパフォーマンスに酔いしれました。もう亡くなってしまったけれど、彼の歌と踊りは今も大好きです。

ビートルズが来日したのは私が銀座に出る前でしたが、「ザボン」を始めたころにはクイーンやデヴィッド・ボウイのような大物グループや大物歌手の日本公演がよく行われるようになりましたね。私自身はジャズが好きで、ジャズマンたちのセクシーなカッコ良さには震えるほど。大好きです。

歌舞伎も好きで、九代目澤村宗十郎さんが平成元年（一九八九）から始められた「宗十郎古典歌舞伎復活の会」を数年間お手伝いしたこともあります。年一回の公演のたびに宗十郎さんから連絡があって「素ちゃん、チケット引き受けてよぉ」と頼まれるので、出版社の方たちにお願いしてかなりの枚数をお引き受け頂いたこともありました。

宗十郎さんの叔父様が社長をされたという文藝春秋と、紀伊國屋さんとは浅からぬご縁があるという小学館の相賀《おうが》徹夫社長は、お願いするたびに快く引き受けて下さいました。昭和時代の経営者の方たちは伝統文化への造詣が深く、それを大切に育ててくださるような立派な方が多かったですね。

〝その道〟の親分との一瞬の恋心

浮かれているうちにバブルがはじけて、突然景気が悪くなり始めましたが、「ザボン」は金融関係のお客様は少なかったせいか、さほど影響を受けずにすみました。

ちょうどその頃だったでしょうか、同じビルの五階にカジノバーがオープンしました。今ではあちこちにありますが、当時の銀座にはまだ無くて、珍しいことでした。お店のオーナーはその道の親分さんだというもっぱらの噂でしたが、その方が毎日、ちょっとの時間、「ザボン」に遊びに来られるのです。

　私も当初はにこやかにお迎えしていたのですが、帰るときに決まって店の女の子たちに一万円ずつチップをくださる。次第に女の子たちの気がその方に向いていく気配が見えてきて、さすがにこのままではまずかろうと、心配性の私は意を決しました。

　十二時ごろ、先に店の者たちを帰してから、その方の前の床に正座をして手をつき、怒鳴られるだけではすまないかもしれないと覚悟をしながら、「親分、この店は私自身が経営する店です。私は素人で、渡世の仁義はわかりません。ですが、どうか、ザボンにおいでになるのは今日限りに願えませんか」と震えながら訴えたのです。

　親分はひとこと、「あねさん。若いときに逢いたかったな」と言い残して帰られ、以来、二度といらっしゃることはありませんでした。私はそのときの貫禄に圧倒され、一瞬、その親分のことが好きになってしまいました。

　それにしても、一大覚悟をしてとは言え、お客様に向かって店への出入りをお断りするとは、たいへん失礼なことではありました。それで、せめてものお詫びにと思い、親分が「ザボン」で使われたのと同額のお金を持って、そのカジノバーに行き、ルーレットで遊ばせてもらいました。こうした遊びの経験もないので負けてばかりでしたが、最初からお詫びのつもりだったのでお返しできてほっとしました。

そのカジノバーは半年ほどで閉店になりました。しかし、あの男らしい親分のことは今も忘れることができません。私は自分のお客様大事の一念で、失礼なお願いをしたことを今でも恥ずかしく思います。でも親分は何も言わずに、こちらの意を汲んでくれた。私には立派な人に思えました。女が男に惚れるのは、あのような時なのかもしれません。

以前から東映のヤクザ映画が大好きな私でしたが、このことがあってから、ますます夢中になりました。ヤクザ映画なら何といっても、高倉健さんの『昭和残侠伝《ざんきょうでん》』シリーズ。それに『緋《ひ》牡《ぼ》丹《たん》博徒《ばくと》』の藤純子さんです。おふたりの映画のDVDは七十枚くらいもっているほど、熱烈なファンです。健さんの一周忌には関係者の講演を聴きに福岡まで行ったものです。

生粋のセレブは財布を持ち歩かない？

セゾングループの堤清二さんも「ザボン」によくお見えになりました。

堤さんというと思い出されるのは、これほどの人物になるとお財布を持ち歩かないということです。現金を持ち歩かないだけではありません。カードや小切手の類でお支払いされるところも見たことがないのです。

ではお勘定はどうするのかというと、あとからセゾングループの会社宛に請求書をお出しするのです。そのお顔を知らぬ者は巷に誰もいないというくらいのセレブリティですから、どこでも「顔パス」なんですね。

堤さんは、たいてい「ザボン」にはおひとりでいらっしゃいました。最初はどうしたらいいのかわからなくて、席を立たれた堤さんに「あの、どうしましょう、現金でお支払いですか？」と尋ねるも、堤さんは「うん、うん、うん」と満足そうに頷きつつ帰ってしまうのです。

さも当然というそのお姿は、今、思い出しても笑みがこぼれます。結局、誰から教わるでもなく、苦肉の策として会社宛に請求書をお出ししましたが、みな同様にしていたようでした。

堤さんの奥様、麻子夫人は地唄舞（関崎《かんざき》流）を習っておられました。私もお師匠のもとでのお稽古の様子をたびたび見学させていただいたものです。お稽古は毎日十二時からだったのですが、麻子夫人は1分たりとも遅れたことがなかったそうです。同門のお弟子さんたちはみな、麻子夫人のことを「十二時の人」と呼んでいました。

なぜ麻子夫人は地唄舞を習っておられたのかというと、堤さんが女優さんなど華やかな女性たちにたいそうモテたからだそうです。ただの主婦では対抗できないから芸事を修めるのだと、ご本人がそう話してらっしゃるのを聞いたことがあります。

とても熱心にお稽古に励んでいらして、ついには嗜《たしな》みの域を遥か超えて家元までつくってしまいました。こうと決めたら一筋に打ち込み、極めてしまう。当時はニューヨークをはじめとして世界中で公演もされていました。六本木ＷＡＶＥビルの飲食店の経営にも携わっておられ、頭もよくて踊りも一流という、すごい女性です。なるほど、堤さんの奥様というのはこういう女性でないとつとまらないと思いました。

水商売の掟――お客様の個人情報は漏らさない

昭和天皇の御不例が報じられ始めた昭和六十三年（一九八八）の秋口から、次第にイベントや遊興ごとに対する自粛ムードが漂ってきて、あのころは銀座の街も華やかさを失ったような時期でした。

私が沈んだ気分でいたとき、文藝春秋社の内藤厚さんと竹内修司さんがお店にいらして、こんどB級グルメを特集する雑誌をつくるのだけど、銀座で働く人はどんなところで食事をしているのかと訊かれ、私たちが普段通っている安くて美味しいお店の何軒かにご一緒したことがありました。

私が自慢げに紹介したのは、とんかつの「銀座梅林」、中華料理の「東生園」、家庭料理の「銀座いわた」などなどで、どちらも今も続いています。B級グルメとはいえませんが、銀座でもリーズナブルに美味しいものが食べられるお店たち。こうしたお店があるというのは、同じ街に働く者として嬉しく心強いですね。

元号が平成に変わった年、当時の宇野宗佑《そうすけ》総理大臣の「指三本」事件（当時、宇野首相が贔屓にしていた芸妓に指三本出しながら愛人契約を申し出たことがリークされて日本中に知れ渡ることとなった）が世間を賑わせていたときです。

『ニューヨーク・タイムズ』紙のキャロラインさんという女性記者が、〝日本の各業界の女性に訊く〟というようなタイトルの記事を書かれるとのことで、銀座では私のところに取材に来られました。

あなたはこの事件をどう思うかと訊かれたので、私は「あの事件は宇野さんも下品だけど、女性が悪かったと思います。なぜなら彼女は芸者であって、お客様の個人情報は絶対に他人にしゃべってはいけないというのが職業上のルールだからです。それをマスコミに漏らすのは芸者として恥ずべき行為であり、水商売を貶《おとし》める行為です」とお答えしました。

どんなふうに記事になったのかは知りませんが、あとになって、それを飛行機の中でお読みになったお客様のひとりが、「ママの記事が出ていたよ」と教えてくださいました。職業に対する思いから、ついはっきりとした物言いをしてしまいましたが、少なくともボツにはならなかったようです。

キャロラインさんとはこのときのご縁で仲良くなって、荒川の上流の長瀞《ながとろ》まで、電車の旅をご一緒したこともあります。当時文藝春秋社長の安藤満さん、竹内さん、後に社長になられた白石勝さん、新井信さん、ほかにも何人かお誘いして、バードウォッチングにでかけたのです。そこで食べた鮎料理は本当においしく、最高に楽しい一日となりました。

私の差し入れが原因？『文藝春秋』校正ミス事件

白石さんが文藝春秋の社長になられた頃のことです。『文藝春秋』本誌の校了日に、お店を閉めてから、お弁当の差し入れを紀尾井町の文春本社にお届けに行ったことがありました。

深く考えもせずに銀座の料理屋「浜作《はまさく》」に三段のお重を拵《こしら》えるよう頼んで、それを抱えていそいそと。校了日の夜中のことですから編集部のみなさんはお腹を空かせていたところで、たいそう喜んでくれて、私はお茶を用意し、自慢のお重を披露しました。

それからしばしの間、おしゃべりをして帰ったのでしたが、後日、「浜作」から請求書が届いたときには、金額を見て絶句しました。なんとまあ、「金、十万円也」と書かれているではありませんか。もちろん、値段を確かめもせず注文した私が悪いのです。そして、編集部のみなさんが大いに楽しんで召し上がってくださったことは間違いありません。

ところが、これには後日談があって、この日校了になった『文藝春秋』誌に載った江藤淳先生の原稿に、一枚抜け落ちがあったというのです。江藤先生ご自身から叱られるまで誰も気がつかなかったそうです。

すぐに新聞各紙にお詫びが掲載されましたが、一枚分が抜け落ちても違和感なく読める文章だったとは、奇跡的とでもいいましょうか。でも私としては、このハプニング、もしかして私がお届けしたお重でみなさんの気が散ってしまったせいだったかもしれないと、冷や汗を流したものです。

以来、私は夜中の差し入れには、おにぎりがいちばん良いかなと思っています。

第4章

大人の街の遊び方

「心得た者同士」で遊びが成り立つ街

銀座には「セクハラ」も「パワハラ」もない

「ザボン」のお客様はみなさん、遊び上手でお酒が大好きです。でも、だらしない飲み方をされる方はいらっしゃいません。これは「ザボン」だけでなく、銀座という街の特徴です。

銀座で飲んだあげく乱れたり人に迷惑をかけたりとみっともない様を見せようものなら、「あれ誰？」「どこそこの誰々だよ」なんて囁《ささや》かれ、「無粋だな」と軽蔑されてしまうでしょう。みなさん、いい意味で人の目を意識されながら、大人として遊んでいるように見えます。

銀座は粋な大人の集まる場所。もちろん遊ぶところですから羽目を外すことはありますが、それでも礼節をわきまえるという絶妙なさじ加減は、銀座にいらっしゃる方々の相互の目によって守られているところも大きいのです。

また、セクハラもパワハラもない、というのも銀座のよさのひとつでしょう。

「ザボン」はホステスがいるお店ですから、当然、男性のお客様を女の子がもてなすというスタイルです。林真理子先生など女性のお客様もいらっしゃるとはいえ、割合的にはやはり男性のほうが多数です。そうなるとお客様と女の子との間でセクシュアルな問題が起こりがちかと思われるかもしれませんが、そんなことはありません。

私もお店の責任者として気をつけていますし、そもそも常連のお客様には下品な方がいらっしゃらないので、心配する必要がないのです。たとえ下ネタが飛び出しても、すべて洒落の利いた大人の笑い話。周囲が不愉快になるようなことは誰もおっしゃいません。

長年お店に通ってくださったお客様が、贔屓にしていた女の子といい仲になることは稀《まれ》にあります。が、互いに了解している大人の関係。ハラスメントとはまったく話が違いますし、男性のほうも女性のほうも心得たものです。

花街などで遊び慣れた、裕福な洗練された男性を昔から「旦那」と呼びますが、旦那は自分といい仲になった女性のことは一生、面倒を見るのが当たり前です。

住居を買い与え、生活費も出し、そこまでするから、女性が「奥さんと別れて私と結婚して」と迫ることも滅多にありません。しかも、本妻も公認である場合が多いのです。毎月、大きな出費をするし、夜に帰ってこないことも増えるので、すべて内密にというのは難しいんですね。

旦那が亡くなったら、女性はもらったお金を元手に自分で商売を始めてもよし、出会いを求めて結婚してもよし、何をしようと自由です。

つまり一人の女性の生活、自分が生きている間は相手の人生を丸ごと世話できるくらいの財力も心得もある粋人《すいじん》だけに許された、高等な遊び。今はそのあたりが、だいぶ混同されているのではないでしょうか。

礼儀を知らないお客様には遠慮しない

現に、その点を勘違いなさるお客様も稀にいらっしゃいますので、そこは私がピシッとしなくてはいけません。

「ザボン」では基本的に一見《いちげん》さんはお断りしているのですが、ときどき飛び込みのお客様をお迎えすることがあります。

少し前にも、「ザボン」の下の階にあるクラブが満杯だったとのことで、うちに流れてきたお客様がいらっしゃいました。ちょうど席も空いていたのでお通ししたのですが、ものの数分も経たないうちから「今夜、付き合ってくれよ」「ホテルに行かない？」なんて女の子を口説きはじめたのです。

私が「何言ってるの、まだまだ月謝が足りないわよ」と言うと「月謝ってどれくらい必要なの？」とおっしゃるので、「何年も何年も通わないとダメね。二十年くらい通ってからにして」と返しました。

すると今度は「じゃあ身請《みう》けならいいのか？」とおっしゃいます。「身請け」とは、ザボンに通うところの「月謝」を一括で払うから、今夜、彼女を「お持ち帰り」させてくれという意味で使ったのでしょう。その気もないのに、私を試すつもりで言ったに違いありません。「いいわよ。身請けでいくら出してくれるの？」と答えたら静かになりました。

私たちは客商売ではありますが、お店の風格や女の子たちを守るために、礼儀を知らない方には遠慮も忖度《そんたく》もしません。お客様の出方によっては、毅然とした態度でピシャリ、ガツンと言ってやらなくてはいけない場合もあるのです。

義理人情を重んじる銀座を守っていきたい

「ザボン」の常連のお客様には企業の方も多くいらっしゃいますが、なかでもお付き合いの長い大企業の方々がいらっしゃいます。

大きな会社の方々は、贔屓にしてくださった社長や役員の方が交代してもお付き合いが途切れることは滅多にありません。役職を引き継がれた方が銀座での遊び方を受け継ぎ、「ザボン」を贔屓にしてくださる、という具合でかれこれ四十年ほどのお付き合いになるところもたくさんあります。

新型コロナウイルスの煽《あお》りで銀座のお店はどこも大変な思いをしていますが、「ザボン」の常連の方々は「こんなご時世だけどがんばってね」と応援してくださいます。常連のお客様からご紹介されていらしてくださったお客様たちも同じです。「僕たちは初めて来たけど、こういうお店は残したほうがいい。がんばってね」と口々に言われるのです。やはり義理人情の世界ですね。

「義理人情を重んじる銀座の伝統を守っていきたい」と口にすると、なかには「そんな古い価値観は今の人には通じないよ。こだわっていたら時代に取り残されるよ」と言う人もありますが、私はそうは思いません。

どれほど時代が移り変わろうとも、人の心は変わらないからです。「義理人情」を表す言葉こそ流行のものに変化することもあるかもしれませんが、言葉の芯に流れている精神は同じはずです。

義理を重んじ、人情に厚い。そんな気風をもって、目先の損得ではなく人と人の関係を築き、文化を育む。それでなくては、生きている意味がないと言ってもいいくらいだと思うのです。文化がなくなってしまいます。

一回や二回、酒席を共にしたからと言って信頼関係は築かれません。ちょくちょく同じ場所に居合わせることで、あいさつを交わし、ひいては杯を交わすようになるなかで、徐々にお互いについて知ってこその信頼関係でしょう。微力ながらも、そのための場を提供するという役割を、これからも「ザボン」は果たしていけたらと思っているのです。

〝勝新〟がいたころの銀座

昭和の銀座は、文士や出版関係者が街を行き交い、行く先々で交流を深める……という文化的親交が盛んに行われていました。そこで有形無形の財産が生まれたという意味では、銀座という街自体が巨大な文化サロンだったといってもいいでしょう。

私は文壇との距離が近かったのですが、もちろん、芸能関係の人々も銀座で遊ぶのがつねでした。あの勝新太郎さんもその一人です。伝説となっているエピソードがいくつもある勝新さんですが、銀座での飲みっぷりも豪快そのもの。

毎晩のように贔屓の店に出没し、何軒も回られます。店ごとに「お供します」という人が加わるので、最後には十人、二十人にまで膨れ上がります。

人数が膨れれば、お会計も膨れ上がって当然。「ザボン」は芸能関係とのご縁は薄く、勝新さんがいらしたこともないのですが、勝新さんの贔屓のお店たちはツケ払いが溜まって、さぞや大変だったのではないかと、よそのお店ながら案じておりました。が、フタをあけてみれば実際はお店を盛り上げ、居合わせたお客様をすっかりお店の贔屓にしてしまう魅力のあった勝新さんのおかげで、かえって繁盛したそうです。やっぱり遊び慣れた方ならではのエピソードです。

「ザボン」では、ご縁のあった芸能界の方といえば黒柳徹子さん。一時、よくいらしていただきました。ユニセフ親善大使になられた頃のことです。

たいていは朝日新聞社の方たちと連れ立って五〜六名でお見えになり、滞在時間は2〜3時間ほど。その間ずっと黒柳さんがお話しになり、周りの人たちはひたすら聞いているという具合でした。

テレビでお馴染みの、あの機転の利いた面白いお話しぶりはプライベートでも変わらず、早口なのもそのまま。どうしたら、あんなに次から次へといろいろな言葉が出てくるのかと、黒柳さんの頭の回転の速さにはいつも驚かされました。

テレビの黎明期《れいめいき》から業界で活躍され、ユニセフ親善大使もお務めになっている黒柳さんは知識も経験もたいへん豊か。

テレビ業界の歴史の話、お芝居の話、海外の要人と交流した話など、次々と繰り出される体験談に、ご一緒されていたみなさんは相槌《あいづち》を打つ間すらなく夢中で耳を傾けてらっしゃいました。黒柳さんご自身は、あまりお酒を召し上がらないのですが、とても楽しい席でした。

それに黒柳さんというと、なんといっても、とてもお洒落なのです。いつも目を奪われるような素敵なお召し物でお見えになり、トレードマークとなっているあの髪型なので、とにかく目立つこと。黒柳さんのいらっしゃる席だけ光り輝いているように見えたものです。

「付かず離れず」の心地よさ

赤坂の蕎麦割烹「三平」では、丸谷先生と野坂昭如《あきゆき》先生のグループ、渡辺淳一先生の直木賞関係のグループ、黒鉄ヒロシ先生と西部邁《すすむ》先生のグループ、福田康夫先生のグループがよくいらしてくださって、お店で会うと「やあ、どうも」とあいさつを交わされることもよくありました。

私の体は一つしかありませんので、双方を行ったり来たり。それが失礼になるかといえば、そうでもないのです。

とくに割烹のような場所では内々のお話をされる場合も多いので、そういう雰囲気を察知したら、私はお料理をお出しし、少しお酌をするだけ。「では私は向こうへ行っていますので」とひとことお伝えして、さっと部屋を辞し、また頃合いを見て戻ります。

「ここに私はいないほうがいいな」「そろそろ戻ったほうがいいかな」というのは、何となくわかるもの。長年、銀座でやってきたことで培われた勘とでもいいましょうか。

それは「ザボン」でも同じです。少し込み入った話になると、私たちが聞くべきでないことも出てくるでしょう。そんなときはさりげなく席を立つようにしています。そしてそっと様子を窺《うかが》い、先生方のお話が終わって「さあ、飲むか」といったリラックスムードになったら、女の子たちを連れて席に戻るのです。

そこからは、私と女の子たちとでバカなことを言ったりしてお酒の席を盛り上げ、会話を楽しむ。このあたりの塩梅《あんばい》をじょうずにし、居心地よい場をつくることこそ、私の仕事と思っています。

「文壇バー」という場所

「文化」でつながるコミュニティ

文壇の先生方、大手出版社の経営者や名物編集者、さらには政界人、財界人にも常連の多い文壇バーは、いつしか「そこで受け入れられることがステイタス」といった立ち位置になっていきました。

常連の方々は、お店でたびたび顔を合わせる間柄ですから、すっかり打ち解けて家族的な意識になる。一種のコミュニティといってもいいかもしれません。

渡辺淳一先生は、かつては新宿で飲むことが多かったようなのですが、直木賞を受賞されてからは銀座にいらっしゃるようになりました。

新宿のクラブのお客さんたちから、「渡辺さん、あなたはもう新宿に出入りする人じゃない。これからは銀座でお飲みなさい」と言われたのだとか。新宿には新宿の、銀座には銀座のカラーがあって、自分のカラーにあった場所で飲むのがいちばん気持ちいい。自分のカラーが変われば、飲む場所も変わるというわけです。

若手の経営者のなかには、銀座の文壇バーに出入りできることになったことを嬉しそうに話してくださる方もいらっしゃいます。

今では一流財界人として世に知られている丸井グループ現名誉会長・青井忠雄さんが、「私もやっと『眉』に来られる身分になりました」とおっしゃってくださったのはもう四十数年前のこと。創業者の青井忠治さんから社長を引き継いだころだったかと思います。その謙虚なお姿に驚くとともに、そこに勤めている自分もまた、気を引き締めなければと思ったことを覚えています。

一方、「美人はいないが、気楽に飲める店」というのが、「ザボン」のもっぱらの評判。私自身がそう意識しているわけではないのですが、作家の先生方がさまざまなところでそのように書いてくださるのです。

「文壇バー」という場所は、お客様が店を育て、店がお客様を育てるという、お互い様の関係が自然と成り立つところなのだと思います。これからもその名に恥じぬようにいっそう励まねばと思っています。

政財界と文化の交流地点

大企業の経営者の方や政治家の先生も多くいらっしゃることから、「ザボン」は政財界と文化芸術の世界が交わる場所でもあります。

政財界には文化的造詣も深い方が多いので、たとえば芥川賞の祝賀会のときに「ザボン」に居合わせたりすると、「ママ、みなさんに僕からもシャンパンを1本入れて」などとおっしゃいます。決して会に割り込んで作家に話しかけたりはせず、そっとお酒を差し入れてくださるのです。

入店した瞬間、錚々たる文壇の先生方がいらっしゃるのを目にしても、気安く話しかけたり名刺を差し出したりしません。ただスッと黙礼して通り過ぎるだけ。そういう振る舞いがとてもエレガントで、これがトップクラスの財界人の風格かと惚れ惚れしてしまいます。

両者を結びつけるのは、「ザボン」のママである私の役割です。「先生、あちらのお客様はこういう方なんですけど、ごあいさつしてくださる?」とお願いします。その際には必ず「私のために、お願い。あの方も喜ばれて、またお店に来てくださるかもしれないから。作家がいるのが文壇バーの特徴だから、うちがつぶれないためにお願いします」と。

そうすると先生方も「それで『ザボン』がより賑わうなら」と思ってくださるのでしょう、たいていは快く応じてくださいます。

重松清先生などは、いつも「ママがしてくれっていうんだったら、僕はいくらでもするよ。僕を使って」とおっしゃる。作家の先生だからといって決して偉ぶらない、とても優しくて温かい方です。

今は銀座で遊ぶ人が減ってしまって、こうした文化もだいぶ廃《すた》れてしまいましたが、「ザボン」ではまだまだ健在です。もちろん、一度酒席で交流したからといって、すぐに何らかの成果に結びつくわけではありません。でも、ビジネスを離れたお酒の場で顔を合わせ、あいさつを交わし、ときには語らうなかで親愛の情が育まれるというのは、とても豊かなことではないでしょうか。

そういう土台が築かれたうえで、作家や編集者が何かを企画した際に「じゃあ、うちの会社も少しサポートさせてもらいます」という話になったら、文化的発展にもつながります。

ビジネスパーソンがどこで誰と会い、親しくなるか、そのすべてをすぐに「成果、数字に直結するかどうか」で判断するのは寂しいことだと思うのです。

文化の発展には「遊び」のようなゆるいつながりが欠かせません。さまざまな分野の一流人が遊び、それなりのお金を投じるから、街はいっそう賑わい、華やぎ、そこから文化が育っていく。そんな昭和の文化が細々とでも残っている銀座の気風を、これからも守っていきたいというのが私の切実な思いです。

銀座と文壇の影に「トラブル請負人」あり？

銀座の街、とくに文壇バー界隈では、お客様と女の子がいい仲になってもお互い心得たもので、いわゆる痴情のもつれなどは滅多に起こりません。が、それでもトラブルは起こるものです。

たとえば、ご高齢の旦那と女性が夜を共にしている最中に心臓発作を起こして亡くなってしまったとか、女性が妊娠して隠し子が生まれたとか……。現代ではともかく、私が「眉」で働いていた昭和のころには、こういう表に出ては困る出来事も時々あったようです。

しかし、これらがほとんど報道されなかったのには訳があります。じつは各出版社に「トラブル請負人」のような方がいて、何かあったら警察でも、担当編集者でもなく、まず「その方」に連絡するようにという暗黙ルールがあったのです。詳しいことはわかりませんが、作家に何かあったときには、万事その方たちが丸く収めてくれるという話でした。

ですから、今と違って何かあっても週刊誌でとりあげられたり、テレビで騒ぎ立てられるということは起きませんでした。「先生方の名誉を守ってこそ銀座」という自負が、ママはもちろん、お店で働く女の子たちにも、あったのだと思います。

だからこそ、安心して遊べる街として今の立場が築かれたのでしょう。

私も「ザボン」を始めたころには、「ママ、何かあったらすぐ連絡くれよ」と言ってくださる方がいらっしゃいました。が、幸い今までお世話になったことはありません。でも、この先も、もしも何か起きたときには、先生方やお客様の名誉を守る店でありたいという思いは持ち続けています。

なぜ文士は文壇バーに集うのか

文壇バーにも「棲み分け」がある

ひと口に文壇バーといっても、客層にはそれぞれ特色があります。

たとえば「数寄屋橋」には直木賞にまつわる先生方、「ザボン」には芥川賞にまつわる先生方が多くいらっしゃいます。

丸谷才一先生が芥川賞の選考委員になられたころから、芥川賞の祝賀会が「ザボン」で開かれるようになり、その流れで芥川賞系の先生方が集まるようになりました。

当時、丸谷先生から「素子、芥川賞も直木賞も日本のお祭りだから、値段を高くしてはいけないよ」と言われていたので、祝賀会の会費も低くしています。

かつては両方の先生たちが「眉」にいらしたものですが、「眉」がなくなってからは、何となくこうした棲み分けができました。文壇バーは作家同士の交流の場でもあります。芥川賞と直木賞とでは同じ文学でも毛色が異なるので、やはり同じ系統の人のほうが話しやすく、自然と同じ場所に引き寄せられるものなのでしょう。

銀座の電通通りにあった「葡萄屋」というクラブは、『蒼き狼』を書かれた井上靖先生のホームグラウンドとして有名なお店でした。

先生がモンゴルへ取材に行かれるときの壮行会がここで開かれ、私もうかがったことがありましたが、そのときには井上靖先生が即興で〝作詞〟された「蒼き狼の歌」を、皆さん声をそろえて歌われていました。

伴奏は、戦後からずっと銀座で「流し」を続けているアコーディオンとギター弾きの「金ちゃんバンド」です。それは一度聴いたら忘れられなくなるほど素敵な歌なのでした。

男一匹　やるだけやれば　なんのこの世に未練などあろうか

燃えよ　狼　アルタイ超えて　俺も走るぞ　命の限り
俺が死んだら裸のままで　ゴビの砂漠に　打っちゃっておくれ
どうせおいらにゃ　狼の血が　骨の髄まで流れているのさ

このような歌詞です。

井上先生は「ザボン」へ二回ほどいらしてくださいましたが、あるとき、K出版社のO氏が先生に「井上先生は『葡萄屋』の大切なお客様なのだから、銀座では『葡萄屋』で楽しんでください」と進言されたので、私も即座に同意しました。大先輩のママに不義理な真似などできるはずはありません。これもまた銀座の流儀なのです。

「あそこに行けば誰かに会える」

お酒を飲む場所は数あれど、錚々たる先生方がこうして「ザボン」など文壇バーを贔屓にしてくださるのは、「安心して飲めるから」という理由も大きいのだと思います。

以前、『失楽園』が世間で話題になっていたころのこと。
渡辺淳一先生が日経新聞社の記者と銀座の有名なキャバクラに行ったそうなのですが、そのテーブルについた女の子たちは誰一人、渡辺先生のことを知らなかったそうです。記者の方が「この方は渡辺淳一さんだよ」と紹介しても、一人も反応しなかったとのことで……、渡辺先生は「これではまともに話もできない」とお帰りになられたそうです。

私たちにとっては、その名を知らぬ者はいないというくらいの大作家でも、若い世代のなかには知らない人もいるんですよね。それでは調子が狂ってしまいますから、やはり自分のことをちゃんと知っている相手、気心も通じている相手と社交できる場所で飲みたい。これも文壇バーに作家が集まる理由なのでしょう。

わざわざ待ち合わせるほどの用ではないけれど、今度会ったら話したいことがある、という場合でも、銀座中を探して歩くわけにはいきません。ところが文壇バーならば、数多の飲み屋があるなかで「あそこに行けば、誰それに会えるな」と目星がつきます。

それは、作家の先生方だけでなく、編集者も同じです。彼らが毎晩のように銀座に繰り出していたのも、原稿の依頼をしたいとき、あるいは原稿の催促をしたいときに、「眉」に行けば誰それ、「まり花」に行けば誰それ、「ザボン」に行けば誰それに会えるという考えがあってのこと。とくに昭和の頃は、それが当たり前のようにどこの店でも見られる光景でした。原稿を催促しにきたはずの編集者が、つい作家先生とお酒を飲みながら別の話で盛り上がってしまうこともしばしば。

このように街中に文壇の社交場が点在していて、そこを人が行き来するというのも銀座の伝統文化の一つだと私は思っています。

今、外でお酒を飲むことが憚《はばか》られる世の中で、作家先生たちが「がんばってね」「早く『ザボン』で飲みたい」「何かできることがあったら言いなさいよ」と口々にご連絡をくださるのも、一つにはご自分たちにとっての居場所を守りたいと思ってくださっているからなのかもしれません。その思いは私も同じ。この場所を守るために、何とか乗り切っていかねばと心を引き締める毎日です。

吉村昭先生の遊び心

歴史小説家として知られる、吉村昭先生もよくお見えになりました。

いろいろなお話を伺いましたが、『戦艦武蔵』の取材で広島にいらした折、編集者の方たちとバーに行ったときのこと、雨が降っていたのでレインコートと長靴姿でカウンターに座ったら、「ママさんから、お客さんたち養豚業者の方ですかと言われたよ」と。私たちも、一緒に飲んでいるお客さんたちも大笑いしました。

養豚業者かと聞かれてどうしたのかというと、なんと、「そうなんです、養豚をやってんですよ」と話を合わせたそうなのです。おもむろに名乗って偉ぶるなどせず、その場の乗りに任せたというところに、豊かな遊び心を感じます。

吉村先生の遊び心といえば、こんなこともありました。

奥様の津村節子先生がご一緒のときでしたか、「僕の家には立派な庭園があるから、遊びにおいで」と言われたので、さっそくおうかがいして、客間でお茶をいただきながら、「先生、その立派な庭園というのを見せてください」と催促すると、先生はスーッとお立ちになって。窓をあけて「これだよ」と。見せてくださったのは、なんとまあ、井の頭公園でした。

津村先生も隣で笑ってらして……、「これ、井の頭公園じゃないの。先生のうそつき」なんて私が言うと、「そうだよ、これが僕の庭園なんだ」と吉村先生はすましています。そんなふうに洒落たユーモアとジョークでいつも愉快な先生は、店の女の子たちの人気者でした。

「ザボン」の酒席で生まれた企画も数々

「ザボン」には毎晩、誰かしら文化人のお客様がいらっしゃるので、そこから雑誌の対談や書籍、映像作品の企画が生まれることもしばしばです。

そうなると「ザボン」の酒席は企画会議や打合せの場へと早変わり。私はそばで聞いているだけでしたが、ものが生まれる瞬間に立ち会うというのは、なかなか得難い貴重な経験です。

文壇バーと呼ばれるとおり、作家の先生方が文学談義で盛り上がるというのは「ザボン」の日常的な光景です。

あるときなど、どういう話の流れだったか、丸谷才一先生と某社の編集者の刈谷さんの間で『百年の孤独』が話題に上り、私が「それならうちでも置いていますよ」と口を挟んだら、刈谷さんに「バカ」と言われてしまいました。

「あら、焼酎の話じゃなかったの？」と言うと、刈谷さんは「何言ってるんだ、それでも文壇バーか」と苦笑。丸谷先生は「うんうん、銀座のマダムはそれくらいでちょうどいいんだ」とうなずいています。でも、おそらくご真意は逆に「そんなことではダメだよ」ということだったのだと思います。

今考えると恥ずかしい話ですが、それでもわけがわからず「何の話？」と聞いたところで、ようやく刈谷さんが「ガルシア＝マルケスの話だよ」と教えてくださいました。

先生方は作家のガルシア＝マルケスの小説『百年の孤独』の話をしていたのに、私は焼酎の「百年の孤独」だと勘違いしてしまったんです。私は文学にそれほど明るくないものですから、何でもそんな調子なのです。

おまけにバカ正直なので、お世辞も上手に言えません。ある晩、「ザボン」にいらした丸谷先生に、「先生、今日のネクタイすごく素敵」と言うと、丸谷先生は、このときも「うんうん、銀座のマダムはそれくらいでちょうどいい」とおっしゃいました。

でも、やっぱりご真意は逆のところにあって、「それではダメだよ」ということ。以前、「お世辞とわからないように褒めるのが本当のお世辞だ」と言われたこともあるので、「そんな、すぐにお世辞とわかるようなことを言うものではないよ」という意味なのです。

高尚な方々が集まる場ですから、お世辞もストレートに言うのは野暮というもので、高尚に言わなくてはいけない。そんなありがたい教えを頂戴したというのに、いまだにちっとも上達していない私です。

作家と新聞社の信頼関係

「ザボン」では、文学論と同じくらいジャーナリズム論も盛んに交わされていました。作家の先生や出版社の編集者の方がそろうと、「今のジャーナリズムはこういうところがよくない」とか「あの新聞の文芸欄が最近おもしろい」とか、現代ジャーナリズム批判大会が始まるのです。

丸谷才一先生が毎日新聞の書評欄の編集顧問になったのも、そんなジャーナリズム批判がきっかけでした。

その頃、新聞の書評欄について丸谷先生がどこかの雑誌で批判されているのを見たということで、当時、毎日新聞社の、のちの代表取締役社長になられた斎藤明さんが「ザボン」にいらした際、「うちの文芸書評の欄を全部お任せしますから、うちの編集顧問になってください」と丸谷先生にお願いしたのです。当時の斎藤さんは編集局長でした。

それから、丸谷先生がこの書評欄のテーマを決め、紙面の見出しやイラストレーターを考案され、新刊だから採りあげるのではなく、担当者が書きたいと思った本を選ぶように仕組みを整えられました。また他紙よりずいぶん文字数を増やし、書評そのものを読み物として読者に楽しんでもらうような、独自の書評欄に刷新されたのです。

以来、毎日新聞の書評欄「今週の本棚」はおもしろいと好評になり、「毎日書評賞」という異色の賞までつくることになったとか。イラストを担当された和田誠さん、また豪華な執筆陣もあいまって、月曜朝刊（当時の書評欄は月曜でした）の売れ行きだけが増えたと言われたこともあったそうです。

およそ十年は書評委員を務められたでしょうか。その間、丸谷先生はよく「あれは斎藤さんが偉いんだ」とおっしゃっていました。「全部俺に任せると言ってくれた言葉のとおり、僕の考えや選んだ人にいっさい口出ししない。彼は立派な人物だね」と。

あれこれと口を出されては、計画が乱れてしまうこともあるでしょう。

でも、大新聞である毎日新聞社のトップに立たれるまでになった斎藤さんほどの方でも、何も口出ししないというのはとても難しいことだったのではないかと思います。気になれば口出ししたくなるのが人情なのに、一度「任せる」と言ったら本当に任せる。その懐の深さ、丸谷先生に対する信頼の強さを思うと、感服せずにはいられませんでした。

第5章

作家という生きもの

楽しくて気配り上手の粋人
——丸谷才一先生

井上ひさし先生に送った祝電ジョーク

「ザボン」の名付け親でもある丸谷才一先生は、とても上品で楽しく、また気配りの方でした。

たとえば、ある先生とお食事をご一緒され、その後「ザボン」でお酒でも、というときには、事前にどんな話をしようかと考えていらっしゃるのが先生流。だから話題が尽きることがなく、それがまたユーモアたっぷりで楽しかったのです。スキャンダルなど、人を貶めたり傷つけたりする話題はいっさいありませんでした。

その丸谷先生にも、あれは先生のいたずら心だったのかどうか、いまだにわからないエピソードがあります。

井上ひさし先生が二度目のご結婚をされるときでした。丸谷先生が「素子、キミの名前で祝電を打ちなさい」と唐突におっしゃったのです。私は、「私からだなんて、そんな身分ではありません。先生のお名前でないと」と申し上げたのですが、「かまわないから、僕の言うとおりにしたまえ」と言われる。

そこで、お指図どおりに、「結婚とは結ばれることとなり。結ばれ得ずして結婚を祝う心の悲しさよ」という文面の祝電を打ちました。受け取られた井上先生が、それが丸谷先生のユーモアだとおわかりになられたかどうか、結局、何もお聞きできずじまいです。

「ザボン」の手紙は、すべて丸谷先生作

丸谷先生には何から何までお世話になりました。

「ザボン」の名付け親になっていただいたことはすでにお話ししたとおりですが、「ザボン」の周年記念や季節のイベントなど、案内状のお手紙の原稿はすべて丸谷先

生が書いてくださいました。

あるとき、何の案内状だったか、丸谷先生がお席で原稿用紙に向かわれていたら、お隣にいらした三浦雅士さんに「素子さん、こんなのを書いてもらって、丸谷さんの普段の原稿料がいくらか知ってるの？」と呆れられてしまいました。

三浦さんは『ユリイカ』や『現代思想』で編集長をされていましたから、そうおっしゃったんですね。私はといえば、「そんなこと知りませんでした。でも、いつも書いてくださるんですよ」と素知らぬふり。思えば何とも畏《おそ》れ多いことですが、そんな軽口を叩き合えるのも銀座ならではの楽しい時間だったのです。

丸谷先生には、数年ごとのお祝いや感謝のお手紙だけでなく、お詫び状を書いていただいたこともありました。

ちょうど芥川賞の祝賀会があった日に、席がいっぱいで何組ものお客様にご遠慮いただいてしまったのです。後日、考えあぐねた私は丸谷先生に相談しました。

「先日、お断りしてしまったお客様にお詫びしたいんですけど、何と書いたらいいでしょうか」。すると、先生は「書いてやるよ」と一言おっしゃってサラサラとしたためてくださいました。万事このように相談に乗ってくださる心強いお方なのです。

丸谷先生には、『あいさつは一仕事』という本があります。結婚披露宴でのスピーチ、乾杯の音頭、弔辞、親族あいさつなど、人前であいさつを述べる際の心得をまとめたもので、刊行当時、方々で評判を集めた実用書です。

そのなかに、丸谷先生に書いていただいた「ザボン」三十周年パーティの招待状の文章と、丸谷先生ご自身の祝辞も掲載されています。招待状には「ザボンでお飲みになると賞をおとりになるなんてジンクスもございました。本当ですよ」なんて書いてくださっています。先生の直筆をすべてとってある私のアルバムを見ると、今でもたくさんの思いやりが心にしみます。

三十周年パーティの晩は、丸谷先生は暗唱するのではなく原稿を読み上げる形で、その祝辞をくださったものですから、周りにいた方々も「丸谷さんほどの人でも原稿を読むのだから、俺たちも読んでいいのだ」とちょっとした話題となりました。あいさつは原稿を読まずにするもの、という固定観念を壊してくださったわけです。

野坂昭如先生との信頼と友情

丸谷先生は野坂昭如先生とたいへん親しくしておられ、野坂先生の結婚式では仲人を務められたという間柄。「ザボン」にもよく一緒にお見えになりました。

野坂先生が編集長をされていた雑誌『面白半分』が裁判沙汰になり、丸谷先生が特別弁護人となって共に戦われたこともありました。

『面白半分』に、永井荷風作とされる戯曲『四畳半襖《ふすま》の下張《したばり》』を掲載したところ、それが刑法１７５条「わいせつ物頒布《はんぷ》等の罪」に該当するのではないかということで、野坂先生は同誌を発行していた会社の社長の佐藤嘉尚《よしなお》さんと共に起訴されたのです。

この裁判には丸谷先生以外にも井上ひさし先生、有吉佐和子先生、吉行淳之介先生なども証言台に立ちましたが、最高裁まで争った結果、「わいせつ文書に当たる」との判決。しかしこの裁判は「わいせつとは何か」「芸術性と卑猥性の境界線はどこにあるのか」という点で大いに物議を醸《かも》しました。このときがご縁で、丸谷先生と野坂先生は非常に親しい間柄になられたそうです。

丸谷先生も野坂先生も、「ザボン」では、いつもは寛《くつろ》いだ楽しいお酒なのですが、ときには大真面目な議論が始まることがありました。

ある晩、丸谷先生と評論家の粕谷一希先生たち四、五人でお酒を召し上がっておられるところに野坂先生が来られ、当時、世間でも話題だった吉田満先生の『戦艦大和ノ最期』の話になりました。

野坂先生いわく、「あれは犬死だった」。粕谷先生は「決して犬死ではない」とおっしゃる。延々、午前三時まで議論は続きました。その間、丸谷先生は一言も口を挟むことなく、静かにうつむいて黙って聞いておられましたが、後日、「あれは録音して残しておくべきだった。惜しいことをしたものだ」と言われたものです。

サービス精神旺盛な教養人 ——野坂昭如先生

何とも豪快な「野坂流・ツケの払い方」

野坂昭如先生はサービス精神が旺盛で、「ザボン」のお仲間に逢われると、たちまちその場が華やぎます。

ある日、野坂先生と黒鉄ヒロシ先生がおふたりで「ザボン」に来られたことがありました。私はいつもの調子で、「先生、お勘定がだいぶ溜まっていますよ」と軽口で野坂先生をお迎えしたのでしたが、これを聞いた黒鉄先生がびっくりされて、「来る早々なんてことを言うのだ、君は」と厳しくお叱りを受けました。

慌てて謝りましたが、野坂先生は横を向いて知らん顔。おかげでほっとしました。

野坂先生とは普段から冗談を言い合って親しくさせて頂いていたので、私としては身内のような感覚だったのです。公私混同が私の一番悪い癖です。

が、そんなことがあった後日、野坂先生が店に来られるなり、テーブルに札束をポーンと置かれました。それがなんと１００万円！　びっくりして、「まあ、このお金、どこで稼いでいらしたの」とうかがうと、「大阪で。ディナーショーで稼いだのだぞ」と、おおいにご自慢です。

その時はうちと、「まり花」という文壇バーとして大先輩のママのお店に、一束ずつ置いて行かれたそうです。

野坂先生は文筆のお仕事以外に、あの「伊東に行くならハトヤ　電話は良い風呂（四一二六）」という有名なＣＭソングなどの作詞をされています。

そのほかにも、サントリーのＣＭソングを歌ったり、歌手としても『黒の舟唄』、『マリリン・モンロー・ノー・リターン』などでも活躍されていました。先生の小説が原作のアニメーション映画『火垂るの墓』も大ヒットしました。

多くの人は「怖い」と言うけれど……

野坂先生は、あの大島渚さんと殴り合いの喧嘩をしたエピソードがあるほど喧嘩っ早いところもありますが、普段はとても穏やかで、教養の豊かさが滲《にじ》み出るような方です。多くの人は野坂先生を「怖い」と言うけれど、すごく純粋な人で私は大好きでした。

『週刊文春』で「還暦まで千人斬り」というコラムを書かれていたころ、私が「先生、千人を目標にされているんですか?」と聞いたら、「ばかだね、あんなの嘘に決まってるじゃないか」とおっしゃいます。

「なんだ、そうなんですか……」と言うと、「そんなのできるわけないでしょう」と言われて、たしかにそうだなと思いました。千人もの女性が先生と関係するなんてすごいなと思ったのですが、これは、自分がそれくらい遊んでいてモテているという一種の比喩表現だったんですね。

野坂先生は、根はシャイなので、実際に女性とそういう仲になることは、ほとんどなかったのではないかと思います。むしろ、その点は大して重要ではなく、女性から慕われて楽しく会話をするという意味で、たいそうモテていらしたと思います。モテるというのは、人柄を好かれるということなんですよね。

ある晩、お酒の回った野坂先生が『黒の舟唄』を歌い出したので、私も「エンヤットット、エンヤットット」と調子を合わせたら、「ばか、これはボートだよ」と怒られ、「あら、間違えちゃった、ボートって、こうよね？」と今度こそちゃんとやったつもりが、また怒られる。「違うだろうが」「失礼しました」なんていう掛け合いが続き、一同、大笑いでした。

私がいくらずっこけたことをやっても、この調子。野坂先生は、いつも口こそ悪いけれど心根が温かいのです。

銀座のホテルで待ちぼうけ

野坂先生との思い出は書ききれないほどあるのですが、なかでも皆さんに大受けする、野坂先生らしいエピソードと言えば、次の話でしょうか。

ある夜のこと、いつものように「ザボン」で女の子たちと仲良く話をされていたのですが、先生はその中のひとりの美代ちゃんに「僕は先にホテルに行って、君を待っているからね」とおっしゃって店を出られたのです。

　しばらく経つと先生から電話があって、「美代ちゃんはまだ来ないよ。どうしたの」とのお尋ねです。いつものご冗談だと思って、「女の子たちはみんな帰ってしまいましたよ」とお答えすると、「じゃあ、待たされている僕はどうするのだ」とお怒りになる。切羽詰まった私が「私で宜しければこれからすぐに参ります」と申し上げると、野坂先生は「それには及びません」と電話を切ってしまわれたんです。

　後日、丸谷才一先生がいらした時にその話をしたところ、まわりの皆様も大爆笑。そこでようやく私にも、それが野坂先生一流のユーモアだと分かりました。私がどういう返事をするかと、からかっていたんですね。電話口の向こうの野坂先生が、まるでいたずらっ子のようにニヤニヤ笑っている姿が目に浮かびます。

　こういう他愛のない、けれども周囲を心底笑わせてやまない遊びにかけては、野坂先生がいちばんかもしれません。

「僕のアレはピー缶なんだ」で大騒ぎ

あるときなど、「僕は〝ピーカン〟なんだよ」とおっしゃるので、「先生、〝ピーカン〟ってなんですか？」と聞くと、「キミ、知らないのかい？　ピースの缶だよ」と。

「ピース」というタバコがありますが、それが丸い缶に入って売られているものを通称「ピー缶」と言うのです。

それなら私も知っていると思って「あ、あのピー缶ですね。それで、どうして先生がピー缶なんですか？」と聞くと、「だから、僕のがピー缶なんだよ」とおっしゃいます。「僕の」とは、つまり「僕のアレ」のことだったのです。

ようやく意味を理解して、「いやだ先生、あんなに大きかったら大変じゃない？」と言うと、野坂先生が「見るか？」とおっしゃるので、つい先生の冗談に悪ノリして「見ます」と言うと、本当にズボンとパンツを下ろしてしまいました。

それればかりか、それを目の前のグラスにポコッと入れてしまったものだから大騒ぎです。私は「先生、立派ね」と申し上げました。本当のところはどれくらいのものだったのか、ピースの缶とは言わないまでも……それはナイショです。

歌舞伎座の前で仁王立ち、その訳は？

野坂先生というと、歌舞伎をご一緒したときのことも忘れられません。

ある日の16時半、野坂先生と文藝春秋社の方たちと歌舞伎座の前で待ち合わせをしていたのですが、その日はなぜか道がとても混んでいて、タクシーで向かっていた私は遅刻してしまったのです。文春の方たちは「先生、先に入りましょう」と促したそうですが、先生は、「いや、俺はここから動かない」と言い張っておられたそうです。先生がそうおっしゃるので、文春の方たちだけ先に入るわけにもいかなかったのでしょう。ようやく私が到着すると、歌舞伎座の前に文春の方たちと、仁王立ちになっている野坂先生がいらっしゃいました。

みなさんとっくに中にいらっしゃると思っていたので、びっくりしてしまって、「すみません。先に入ってくださればよかったのに」と言うと、先生は「うーん」と言葉にならない言葉を発せられる。そして「じゃあ、入りましょうか」と言ったら

「僕は帰ります」とひとことおっしゃって、本当に帰ってしまわれたのです。

私が真っ青になったのは言うまでもありません。「どうしましょう、私のせいで」とうろたえていると、文春の役員の方が「しょうがないですね。とにかく私たちだけで見ましょう」とおっしゃったので、野坂先生抜きで歌舞伎を見ることになりました。せっかくの歌舞伎でしたが、私は生きた心地がしませんでした。それでも最後まで見て、夜の9時半ころに、みなさんとお店に行きました。

それから少し経った11時ころだったでしょうか、野坂先生が来られたのです。おそらく歌舞伎座のある東銀座から銀座に移動して、どこかでお酒を召し上がっていたのでしょう。

私は「先生、さっきは本当にすみませんでした」と改めて平謝り。周りの文春の方たちは目が点になっています。すると野坂先生が「うん、頭に来たけど、これで『ザボン』に来なかったら、俺はこれからここで飲めなくなるだろうと思ったから来たよ」とおっしゃるのです。申し訳ないやらうれしいやらで、私は胸がいっぱいになりました。

先生がお怒りになるのはもっともですし、他の人だったら、そのまま疎遠になっても仕方がない状況でした。そこで、さらりとこういうことができるのですから、さすが野坂先生です。すでに野坂先生とは親しくさせていただいていましたが、この出来事があって以来、私は先生のボディガードになると決めました。

銀座でクラブをハシゴしているとお酒が回ってきて足元が覚束《おぼつか》なくなります。ふらふらと歩いているところを「あ、野坂昭如だ」なんて街ゆく人に指差されることもあり、じつは前々から、少し喧嘩っ早いところのある先生のことが心配でなりませんでした。だから「先生、これからは私がボディガードしますからね」と宣言して、先生が「ザボン」にいらしたときには、次のお店までカバンを持ってお送りすることにしたのです。

それからというもの、ますます仲良くならせていただき、奥様ともご一緒に来ていただけるようになりました。

留学生ホステスに見せた優しさ

いっとき「ザボン」に、アジアの発展途上国から日本の名門大学に留学している女の子がいました。野坂先生はその子のことをとても気に入り、「一年間、僕の部屋を使っていいよ。家賃はいらないから」と申し出てくださいました。おそらく仕事用か何かで借りていたものの、あまり使っていないマンションの部屋があったようなのです。

このときの先生は、その女の子といい仲になりたいというようなことはまったくなく、遠い国から来て働きながら学んでいる子を、何かしらの形で援助したいという思いでした。何しろ人柄のよい野坂先生らしいお申し出だったと、今、振り返っても思います。

ただ、そのとき私は、ありがたいお話とは思いつつも、奥様がどうお考えになるかが気になって、「先生、本当によろしいのでしょうか。きちんと家賃もとれる部屋なのに、無料なんて申し訳ないし、もったいないじゃないですか」と言うと、「いや、僕がいいと言うんだからいいんだ」と、きっぱり。

その女の子はたいへん喜んで、港区のサントリービルのすぐ横にあるマンションの一室に、一年間、無料で住まわせていただきました。

家賃の高い東京で、だいぶ助かったのではないかと思います。「ザボン」のお給料も、銀座のなかではあまり高くありませんでしたが、先生のおかげで一年間の日本の大学生活を終え、彼女は元気に本国に帰っていきました。

粋な遊びに通じていた粋人
——半藤一利先生

芸達者が多い文壇でも群を抜いていた

「ザボン」では文藝春秋の田中健五さんや諸井薫先生が、よく流しの「金ちゃんバンド」の生伴奏で歌っておられましたが、そんななかでも、歌といえば忘れられない一夜がありました。夜も更けて、他のお客様がお帰りになってから、囲碁棋士の藤沢秀行先生、漫画家の加藤芳郎先生、文春の半藤一利先生のお三方が、私と店の女の子たちを前に、歌と踊りを披露してくださったんです。

それはもう、笑い転げるほどの面白さで、加藤先生が三度笠《さんどがさ》に見立てたお盆を片手にディック・ミネの『旅姿三人男』を歌って踊り、藤沢先生は勝新太郎の『座頭市』

を歌って踊り、半藤先生は『沓掛時次郎《くつかけときじろう》　遊侠一匹《ゆうきょういっぴき》』を歌って踊り……。「すねてなったか　性分なのか　旅から旅へと渡り鳥～」というのを、独特な「半藤節」で歌うのです。

座布団を一枚床に敷いて、その真ん中に立ち、はみ出さないように踊る姿の面白かったこと。半藤先生には後年、『昭和史』など壮大な歴史の著書があり、世間では「堅い人」「怖い人」というイメージもあるかもしれません。が、私から見ると、文壇のなかでも群を抜いて芸達者で遊び上手だったのは半藤先生でした。

こう言ってはナンですが、みなさま歌はあまりお上手ではないけれど自己流の節回しがお見事で、最高のエンターテイナー。このころは、こんなふうに粋な遊びのできる方がたくさんいらして、本業のほかに芸の一つや二つは朝飯前。銀座も、新橋の花柳界も、粋で楽しい遊び人がたくさんいました。

この本を書いている最中、半藤さんがお亡くなりになったとの報が入りました。

半藤先生との思い出は四十年以上前に遡ります。私が「眉」で働いていたころは、

『文藝春秋』本誌の編集長をお務めでした。初めてお会いしたときからお話が面白くて、私はすっかりファンになりました。

芥川賞の選考委員会の司会もされていたころでしたので、丸谷先生とも古いお付き合いでした。司会がとてもお上手なので選考委員の皆様はやりやすいと評判だったとうかがっています。「ザボン」がまだ三坪のお店だった時から、毎週のように作家の先生方やお客様をお連れくださいました。

「春風銀座への街　覚えずザボンに到る」

いま店の入り口に飾ってある詩は、半藤先生が明《みん》の高啓《こうけい》の漢詩をもじって詠まれたもので、尾崎秀樹《ほつき》先生が書にしたためてくださったものです。

水を渡りまた水を渡る
花を見また花を見る
春風銀座への道

覚えずザボンに到る

三秀

「三秀」とは尾崎秀樹先生の雅号です。

ある晩、テーブルでサラサラと半藤先生がこの詩をしたためたので、「先生、どうして、そんなにスラスラと言葉が思い浮かぶんですか?」とうかがったら、「これは唐詩だよ」とおっしゃる。よくわからなくて、「唐詩に『ザボン』なんて書いてあったの?」とさらに聞くと、「ばか」と言われてしまいました。

半藤先生は、高啓の「渡水復渡水（川を渡り、また川を渡る） 看花還看花（花を見て、また花を見る） 春風江上路（春風に吹かれて川沿いの道を歩き） 不覚到君家（覚えず「いつの間にか」君の家に到る）」をもじったのでした。

半藤先生に限らず、お酒を召し上がると頭がいっそう柔らかくなるようで、みなさん、こうした教養溢れる洒落の利いたことをよくおっしゃいます。そういうものに触れるたび、文壇バーとは文化サロンであると同時に、知的遊びの場なんだなと、つくづくと思います。

それにしても、春風に吹かれて銀座の街を歩いていたら、いつの間にか「ザボン」に着いていた――だなんて、とても素敵です。後日、尾崎先生にお願いして書にしたためていただき、額装して入り口に飾らせていただいた次第です。もう何十年も前のことですが、まるで昨日のことのように思い出されます。

文春時代から本を書いていらして、あの『日本のいちばん長い日』は半藤先生の著作です。『ノモンハンの夏』『昭和史』『山本五十六』などのたくさんの著書で、「昭和史の半藤先生」として、つとに有名です。木版画と日本舞踏がご趣味とのことで、国立劇場で踊られたこともおありの、粋な遊びにも通じておいでだった半藤先生。ご冥福をお祈り申し上げます。

『ゴルゴ13』そのままの圧倒的存在感
——さいとう・たかを先生

バーをはしごするたび人数が増えていく

さいとう・たかを先生とのご縁もまた、四十年の長きにわたります。

漫画界の大御所として有名なさいとう・たかを先生ですが、お若いころの銀座では、毎晩、五、六軒はしごしてお酒を飲まれる方として有名でした。今は亡き石ノ森章太郎先生や、後にフジテレビの社長になられる羽佐間さん、ニッポン放送の社長になられた川内さんとご一緒に、毎週のように「ザボン」にいらした時代もありました。

「章太郎はすぐ女に惚れるんだ」と、さいとう先生は石ノ森先生をよくからかっていたものです。そう言われても石ノ森先生は「いや、あの子はいい子なんだ……」と言い張ることも。「ザボン」の子を気に入り、一時、よく同伴してくださった時期もありました。

また、当時のさいとう先生の飲み方といったら並外れていました。銀座だけで一晩に五、六軒は回るので、一軒に長くは滞在されません。「乾杯」と言って飲んだら10分もしないうちに「よし、行くぞ」と席を立たれて次に向かうという具合でした。「ザボン」から「数寄屋橋」へ、「数寄屋橋」から「眉」へ、と転々とする先々で北見けんいち先生やちばてつや先生など、お知り合いに遭われて、「よし、行くか」となるので、はしごするごとに人数が膨らんでいくこともしばしばでした。

それでも、それだけたくさんのお店を訪れ、それぞれのお店でお酒を召し上がっても決して酔っ払った風にはならないくらいお酒に強いのです。

「守れない約束はしない」という誠実さ

面白いのが、さいとう先生は「付き合ってもわしは結婚はせんで。愛人にもせんで。約束は何もせんで。それでもええか？」と聞いて、「いい」と言った子としか付き合わないと、つねづね公言されていたことです。

私が「先生、そんなこと言って女が喜ぶわけないじゃない。かわいそうじゃない」と反論しても、「わしはそんな約束できん」とおっしゃる。

お世辞でもいいから「好きだよ」くらいは言えばいいのにと思っていた私ですが、考えてみたら、「何も約束しない」という誠意の表し方もあるのかもしれません。守れない約束はしない、というのは、男らしくて真っすぐなさいとう先生らしさという気もします。

さいとう先生とも長いお付き合いですから、いろいろなお話を聞かせていただきました。

幼少の頃から多才でいらしたこと。お母様には内緒でいろいろな手伝い仕事をしていたので、お小遣いはいつもたっぷりお持ちになっていたこと。ご実家は理髪店なのでそちらの技術もお持ちだけれど、絵を描くことが一番好きだったこと。でも、歌うことも大好きで、先生のキャリアには歌手時代もあったこと……。

歌は、今もやはりプロでいらっしゃいます。かつて、日劇で徳間書店主催の文化人歌謡ショーが催されたことがあったのですが、その舞台で『お駒恋姿』を歌われたときは、その美声で観客をしびれさせておいでした。

先生の優しさに救われる

　さいとう先生の本職でのご活躍はあらためていうまでもなく、作品はベストセラーばかり。誰もが知っている『ゴルゴ13』『剣客《けんかく》商売』『鬼平犯科帳』『サバイバル』など、数えあげればきりがありません。その佇まいは『ゴルゴ13』がそこにいるかと思えるほどで、人間のスケールの大きさを感じさせます。

「ザボン」のソファにお座りになられていても先生の存在感は圧倒的で、居合わせたお客様が「さいとう・たかを先生を間近で見た！」と感激されるのが私の自慢です。

　いま、お店の壁には「ザボン」四十周年の記念に先生からお借りした、『ゴルゴ13』の原画コピーが五枚、並べて飾ってあります。私が「コロナで店が潰れる」と嘆いていたら、「ずっと飾っておいていいよ」と許可をくださったのです。

「ザボン」のお客様には『ゴルゴ13』のファンが多いので、喜ぶお客様たちをご本人も笑顔で見てくださっていました。が、こんな世相になってからは、「ワシは行けないが、スタッフを行かせるから」とおっしゃってくださり、そのお言葉どおり事務所のスタッフの方が小学館の編集者と一緒に時々お見えになります。もちろん飲み代はすべてさいとう先生持ちです。

このご時世に、何といううれしいお気遣い。さいとう先生ご自身はご高齢ということもあってまだ飲み歩くわけにはいきませんが、本心はうずうずされているようで、先日も「早く銀座で飲みたい」というお葉書をくださいました。優しさとダンディズムが素敵な先生ならではのお心遣いです。

天才漫画家・時事評論家・勝負師、「一流」の三拍子——黒鉄ヒロシ先生

スケールの大きい遊び人

ダンディズムを絵に描いたようなかっこいい大人の男性、そのさいとう・たかを先生が「天才」と評されるのが、本業の歴史漫画ばかりでなくエッセイの著書もたくさんおありの黒鉄ヒロシ先生です。

黒鉄先生も以前は毎日のように「ザボン」に通ってくださっていて、一時は銀座「ザボン」と赤坂「三平」の両方のご常連として支えていただきました。言葉にできないほどの御恩を感じています。

黒鉄先生のお話はどこまでが冗談で、どこまでが本気なのか、いまだによく分かり

ません。日本酒の「司牡丹《つかさぼたん》」の蔵元が先生のご実家とのこと。生まれた時から婆やさんがいて、女中さん（当時の呼び方）たちに囲まれてお育ちになられたせいか、お人柄も大らかで、遊びもギャンブルもスケールが大きくて、一流です。

いつも私のことを「応仁の乱の時代生まれの鹿児島女」とからかわれる黒鉄先生ですが、私は先生のことは身内同然に感じています。そう申し上げたら、たぶん先生からはバカヤローと返って来そうですが、それも愛情の現れだと私は勝手に思いこんでいます。

ふざけながらも鋭く切り込む、話の天才

一方で、黒鉄先生はとにかく教養が深くて、お話も面白くて中身の濃いことといったらありません。

『赤兵衛』など長く続いている連載漫画で知られていると同時に、「クイズダービー」に出演されたり、最近まではニュース番組にもコメンテーターとしてレギュラー出演されていたりとマルチにご活躍です。黒鉄先生の漫画は読んだことがなくても、テレ

ビで顔はよく知っているという人も多いのではないでしょうか。

赤坂「三平」があったころには、黒鉄先生は京都大学名誉教授の佐伯啓思先生や評論家の西部邁先生とご一緒においでになり、政治や経済について議論を交わされていました。

といっても私には横で聞いていても、かなり高度なお話でなかなか細かい点はわかりません。その場では「難しいお話をされているな」と思うばかりでしたが、新聞や週刊誌の記事を読んで、「あれ、これは何年か前に『三平』で先生方がお集まりの際に、佐伯先生や黒鉄先生がおっしゃっていたことだな」と遅ればせながら納得し、先生方の先見性に驚かされるのでした。

黒鉄先生は決して深刻ぶらず、あえてふざけてお話しになるのですが、その視点の鋭さ、的確さは私のような教養のないものにも伝わってくるほど。まさしく、お話の天才だと思います。漫画の才覚はもちろんいうまでもなく、あのさいとう・たかを先生をして、「あいつは最初から天才だった」と言わしめる方です。

ただ、盟友の西部邁先生がお亡くなりになり、ご自身も体調を崩されてからは、めっきりテレビでお顔をお見かけすることがなくなりました。

新型コロナウイルスの影響もあって、黒鉄先生は「ザボン」にもずいぶんご無沙汰です。早く事態が収束し、先生ご自身の体調も快復されて、また元気なお姿で「ザボン」でお目にかかることを心から楽しみにしているところです。

気難しさと愛らしさを併せ持った論客
——西部邁先生

「ザボンを探し回ってくたびれたよ」

西部邁先生との出会いは、先生が東大の教授だった頃にまで遡ります。

もともと高名な先生でしたが、雑誌で先生のことが取り上げられてから一躍時代の寵児としてさまざまな雑誌や「朝まで生テレビ！」をはじめとするテレビへの出演が相次ぎ、ＴＯＫＹＯ ＭＸで「西部邁ゼミナール」という番組が始まってからは、収録の後に「ザボン」や赤坂の「三平」にお立ち寄りいただく形で使っていただきました。

もちろん、お酒の席での話題はいつも政治の難しいお話です。

そんな先生でしたが、なぜかときどき銀座で道に迷われることもありました。あるときなど、先生が道に座っていらっしゃるところにちょうど私が通りかかり、「あら先生、どうしたんですか？」と聞くと、「『ザボン』を探し回ってくたびれてしまったよ」とおっしゃる。

保守の論客として鳴らした西部先生からは想像がつかないかもしれません。たしかに、黒鉄先生や佐伯先生と天下国家の話になると、私などが下手に口を挟んだら怒られてしまうくらい熱く真剣に議論なさいます。

評論家の坪内祐三先生も「西部先生は怖いよ」なんておっしゃっていましたが、実は根がとても優しい方で、私にとっては愛らしい一面もお持ちの先生でした。

寂しがりやな面もお持ちの西部先生は、お酒を飲みだすと議論が止まらなくなることも。長年の盟友であった黒鉄先生が、西部先生が亡くなって大きなショックを受けていらしたお姿は忘れられません。

第6章
移り変わる時代のなかで
——平成から現在の「ザボン」

「もうやめようか」と悩んだこともあった

芥川賞の祝賀会は身に余る栄誉

お店の場所は二度変わりましたが、お迎えするお客様はオープン時と変わらず義理人情に厚い方ばかりで、みなさんご愛顧くださいます。

一九九〇年ごろですから平成になって二年目になったころでしょうか、芥川賞選考委員会のあと、受賞者の方とご一緒に選考委員の丸谷才一先生、三浦哲郎先生、日野啓三先生、古井由吉《よしきち》先生、黒井千次《せんじ》先生などなど錚々たる先生方にお越しいただけたのは身に余る光栄でした。たしか辻原登先生が『村の名前』で芥川賞を受賞された回だったかと思います。そのときの皆様の様子は、辻原登先生が１９６ページに寄稿してくださった通りです。

いつだったか、芥川賞・直木賞のパーティで黒井千次先生にお会いした時、「今日は素人風にシンプルにおしゃれしてきました」と言ったら、「顔が『銀座』だからすぐわかるよ」なんて言われて皆で笑ったこともいい思い出です。

その後も毎年芥川賞のお祝いは続き、平成十四年（二〇〇二）に吉田修一先生が『パーク・ライフ』で芥川賞を受賞されたときも、「ザボン」でお祝いをさせていただきました。その後、お祝いの集まりは何年か途切れてしまいましたが、島田雅彦先生や吉田修一先生のおかげで、平成二十六年（二〇一四）ごろから復活して、今に続いています。

ありがたいご縁で、島田先生にはそれ以来、何かとお世話になり通しです。お酒が滅法お強くて、先生と女の子たちと私の五人で高級テキーラ「クエルボ」のアネホのボトル一本を空けてしまったこともありました。

お話もいつも楽しくて、和製ジュード・ロウと呼ばれる先生がパリに行かれたとき、本物のジュード・ロウに遭われたそうで、ビートルズの名曲『Hey Jude』にかけて「ヘイ、ジュード！」と声を掛けたら、本人もそのギャグを理解して笑ってくれた、なんていうエピソードもうかがいました。オペラが得意な先生は、ときには私たちにその美声を披露してくださることもあります。

芥川選考委員会のあとのお揃いの会が途切れていた間は、誰も「ザボン」に来ないのではかわいそうだからと、当日は渡辺淳一先生が早い時間から来てくださり、受賞者がお揃いになる時間を見計らって、直木賞のお祝いの会場になっていたクラブ「数寄屋橋」に移られるんです。本当に人情味のある優しい先生でした。

芥川賞、直木賞といえば、なんといっても日本の文壇の大きなお祭りです。その祝賀会のお手伝いをさせていただけるというのは、なによりの名誉であり、これこそが私の生き甲斐です。銀座に生きてきてよかったと思う瞬間です。私には身に過ぎた誉れですが、この名誉があるからお店を続けていくことができるのです。

不安な心に染みた先生方のお言葉

この十年ほどはお店を潰さないように必死で働きましたが、辛かったのは「ザボン」を始めるときにお世話になった大恩人の先生方が次々にお亡くなりになったことです。心の支えをなくした私は、そのストレスのせいか病気になってしまいました。

気持ちが暗くなっているときは商売もうまくいかないもので赤字が続き、会計士の先生からは銀座か赤坂か、残すのはどちらか一方だと言われて、平成二十九年（二〇一七）にはとうとう赤坂の「三平」を手放してしまいました。

もう少し冷静に考えれば維持できたかもしれないものを、病気は判断を狂わせますね。店を手放したことの苦しさ、恥じる気持ちはいまも消えず、慚愧《ざんき》の念に堪《た》えません。

残した「ザボン」についても、不安で仕方ない毎日でした。悩んだ末、引退も考えながら、お世話になっているさいとう・たかを先生にそれとなく相談してみたところ、「もう少し頑張ってお店を続けなさい。僕もたまに来るよ」とおっしゃっていただいた言葉は生涯忘れられません。

評論家の坪内祐三先生の「応援するから辞めなくてもいいじゃないか」という言葉も胸に深くしみました。坪内先生には私が無知なせいでお話の意味を取り違えたり、聞き違いでとんちんかんな返事をしたりで、よく怒られましたが、それでもそんな馬鹿な私を応援して下さる。

そればかりか、「自分だけでは足りないから」と、今では「ザボン」の常連になってくださった重松清先生をご紹介してくださいました。本当に優しい方だったと思います。

坪内先生には「ザボン」に本当によく来ていただきましたが、令和二年（二〇二〇）一月十三日、突然旅立たれてしまいました。

その知らせに、私は呆然とするしかありませんでした。坪内先生にはまだまだお店に来て応援していただけるものと信じて疑いもしませんでした。

坪内祐三先生とは『東京人』の編集者時代からのお付き合いでした。「ザボン」へは、よく丸谷先生や粕谷一希先生とご一緒においででした。今はお三方とも世を去られてしまったことになります。銀座の街をよく知り愛して下さる文士が少しずつ欠けていかれるのは、本当に寂しい限りです。

坪内先生に最後にお店に来ていただいたのは、令和元年（二〇一九）の十二月も押し詰まってきたころでした。いつも通りに楽しいお酒でお別れしたのに、その日からひと月も経たずにお亡くなりになるとは。人の世の無常を感じずにはいられません。

喧嘩するほど仲が良いと言いますが、私にとって坪内先生は三十年近くも通っていただいた身内のような方でした。「私たち、きょうだいゲンカみたいね」と言うと、「親子の間違いだろ」なんて言われることもありましたが、こんなに早くお別れがきてしまうなんて、本当に寂しいです。先生のご恩は深く胸に刻んで忘れることはありません。

私から「ザボン」を取ったら、何も残りません。結婚もせず、子どもも持たず、財産もない。そんな私が「ザボン」があることで大切な絆を結んでいけるのです。

むかし「ザボン」でアルバイトをしてくれた女の子たちとは今でも、ときどき食事をしたり、温泉へ行ったりします。お客様と結ばれた方は九人いて、お相手は作家、編集者、医師、大使館員、弁護士と、それぞれですが、みな幸福に暮らしています。

お店でかわいい女の子に囲まれているのは楽しいですね。彼女たちを見ているとほのぼのとします。人生の荒波を、こうした絆を頼りに何とか沈没を免れながら、私は現在も舟を漕いで荒波に立ち向かっているのだと思うのです。

「ザボン」四十周年記念パーティにて

「日本のいちばん長いスピーチ」

平成三十年（二〇一八）、五月二十二日、私の銀座人生を飾るひとつの区切りとして「ザボン創業四十周年記念　感謝の会」を催しました。会場は帝国ホテルです。

このパーティには各界の大勢の皆様のご協力をいただきました。なかでも大手企業役員のO様、林真理子先生、重松清先生には並々ならぬお力添えをいただきました。言葉に尽くせぬほどの御恩には生涯かけて恩返しさせていただくつもりです。

また重松先生のお声がけで出版各社の皆様がお手伝いくださいました。文藝春秋の大沼貴之さん、新潮社の木村達哉さん、集英社の清田央軌さん、江口洋さん、講談社の塩見篤史さん、戸井武史さん、幻冬舎の森下康樹さん、光文社の田中省吾さん、小学館の由田和人さん、ＫＡＤＯＫＡＷＡの吉良浩一さん、この十人の方たちが受付と先生方のアテンドを受け持ってくださいました。

財界の方々のアテンドは、大企業の総務部と秘書課の方たちがお引き受けくださいました。ほんとうに感謝に堪えません。豪華なお顔ぶれをお迎えして、もったいなくも有り難く、身の引き締まる思いでした。

オープニングは司会の重松清先生の第一声に始まり、このご挨拶が終わると、私が島田雅彦先生と吉田修一先生のおふたりにエスコートされて会場に入って行きます。

緊張のあまり足が震え顔が引きつったようになっている私の姿に、どなたからでしょう、「イケメンに介護されながら素子が入ってきたぞ」という声が掛かって、会場のあちこちに笑いが起こりました。

最初の祝辞は主賓の半藤一利先生です。ところが、その半藤先生の祝辞は楽しいお話ながらいささか長すぎたために、司会の重松先生から「お時間です」と止めが入りました。

このエピソードは古市憲寿《のりとし》先生がインスタグラムにもあげておられますが、これが傑作で、半藤先生のご著書『日本のいちばん長い日』をもじって、「日本のいちばん長いスピーチ」ですって。みな大笑いで、パーティは一気に盛り上がりました。ご友人の福田康夫元総理も、この長い祝辞に間に合う時間に駆けつけて下さいました。

豪華メンバーにお揃いいただいた鏡開き

舞台には矢澤酒造店からのお祝いの「南郷」四斗樽が用意され、次は鏡開きです。壇上には林真理子先生、坪内祐三先生、元中国大使の丹羽宇一郎さん、御年九十三歳の歌人岡野弘彦先生と私の五人が立ち、乾杯の音頭は当時、文藝春秋の社長だった松井清人さんがとられました。

たまたまこの時期、文藝春秋は人事のことで他社のマスコミを賑わせている真っ最中でもあり、開口一番、「今、世間をお騒がせの松井でございます」とおっしゃったので、またも会場は笑いの渦です。

林真理子先生とのお付き合いも四十年以上になります。お人柄がすばらしくて、店の女の子たちにも優しく接してくださいます。当時の真理子先生の日経新聞の連載小説『愉楽《ゆらく》にて』は最高に官能的で、私は「ザボン」の朝のミーティングでそのエロティックな描写、またその裏に隠された男女の機微を読み上げたものです。

いつだったかお店にお見えになった時に、渡辺淳一先生に似てこられましたねと、嬉しい気持ちと尊敬の意味を込めて申し上げたことがあります。恋愛小説の名手多しといえども、私は渡辺淳一文学を受け継がれるのは林真理子先生だとの確信をますます強くしています。

先生の『美女入門』シリーズも面白いことこの上なしですが、『私はスカーレット』のシリーズはまた素晴らしいです。私は映画『風と共に去りぬ』が大好きで十回以上は見ましたが、真理子版スカーレットに描かれたスカーレットの性格は私にそっくりで、先生のご本のおかげで自分の性格を改めて分析できたような気がしています。

自分の欲望にひたすら真っすぐで、計算ができず、勘違いばかりして情熱のままに突っ走るところは私もまったく同じ。スカーレットの一人称という構成がとても面白くて、読む楽しみを存分に味わいました。女の気持ちを熟知した先生ならではの名作です。

「素子さん！　お聞きなさい！」と叱られる

鏡開きのあとは、少しの間、歓談の時間を設けて、次のスピーチは『ゴルゴ13』のさいとう・たかを先生です。ここで私はまたしても――お店ではいつものことなのですが――失敗をやらかしました。

舞台の上から先生が私に話しかけておられるのに、会場のお客様方への挨拶に忙しくしていた私にはそれが聞こえず、マイクを持った司会役の重松先生から「素子さん！　お聞きなさい！」と叱られて、初めて気がつくという始末。さいとう先生、誠に申し訳ございませんでした。

新潮社の元編集者で青森県の三村申吾知事もパーティに駆けつけてくださって、お祝いの言葉をいただきました。会場には青森県の物産を揃えた屋台もしつらえたのですが、用意されたものはすべて売り切れたそうです。

次はくじ引きで、私も壇上に上がり当選者の方と一緒に写真撮影をしました。商品は『週刊新潮』と『週刊文春』各一年分ずつ。それに、サントリーのビンテージボトルや、iPhone X など、数十本を当たりくじとしてご披露いたしました。

宮城《みやぎ》谷昌光《たにまさみつ》先生からは花束贈呈と心温まる祝辞をいただきました。次いで、それにお応えする形で私からの御礼のご挨拶をさせていただいたのですが、緊張のあまり原稿の順番を間違えたり、口ごもったり。冷や汗をかきながらも、なんとかすませた次第です。

辻原登先生からもご挨拶をいただいて盛り上げていただき、閉会の後は会場にハープシコードの演奏が流れる中、俳優の寺田農《みのり》さんにエスコートしていただきながらいったん退場し、出口にて皆様をお見送りしました。

会場の片づけが始まろうという時分まで、最後まで見届けてくださった講談社の野《の》間《ま》省伸《よしのぶ》社長には、この四十周年記念パーティを催すにあたって大きなご支援をいただきました。ご多忙の合間を縫って、一年以上前から相談に乗ってくださったのです。

講談社とは私が「眉」にいた頃からのお付き合いです。銀座という義理と人情の街で紡いだ御縁の、なんとありがたいことか。

パーティの最中の不手際やミスをスマートにカバーしながら盛り上げてくださった重松先生、そして温かいお気持ちで発起人を引き受けてくださった皆様方の御恩は生涯忘れません。あの日のことを思い起こすたびに、なんとか皆様にご恩をお返ししたいと思い、あらためて銀座でご縁をつなぐという自分の使命を深く心に刻んでおります。

「続ける覚悟」を決めた矢先の移転話、そしてコロナ禍

楽しいことが次々と

四十周年の年は、ご常連の皆様にとっての記念の年でもありました。

この年は『ビッグコミック』創刊五十周年の年にあたり、創刊当初から連載されてきた『ゴルゴ13』も五十周年を迎えるということで、さいとう・たかを先生は全国の個展会場を回られました。

さぞお疲れになられたのではと案じましたが、そこは毎日牛肉を召し上がる先生。昔のままのタフガイです。私は仲良しの俳優、寺田農さんと一緒に川崎市市民ミュージアムの個展会場に伺いました。その折のパーティでは『釣りバカ日誌』の北見けん

いち先生や『課長　島耕作』の弘兼《ひろかね》憲史《けんし》先生との語らいの時間もあって、楽しい一日でした。

『釣りバカ日誌』四十周年を翌年に控えた北見けんいち先生は、京都・大徳寺《だいとくじ》真珠庵《しんじゅあん》の「襖《ふすま》絵プロジェクト」に参加されて襖絵を描かれたと聞いて、お店の女の子とお客様をお誘いしてその絵を拝見しに京都まで出かけました。

「楽園」と題した、一部屋の襖一面に広がる絵のなかには『釣りバカ日誌』の人物も見えます。いつも優しく労ってくださる北見先生のお人柄そのままのやさしい雰囲気に包まれて、見物の人たちも皆にこやかに、楽しそうでした。久しぶりの京都で、美味しいものを食べたり祇園で遊んだりして、最高に楽しいひとときを過ごすことができました。

七月には「ザボン」で文藝春秋の松井社長の送別会を催しました。主催は新潮社の佐藤隆信社長、島田雅彦先生、重松清先生、某大手企業の役員の方々がお集まりになられて、賑やかな送別会になりました。

おおいに盛り上がるうち、カラオケで歌いたいとの声があがったのですが、「ザボン」にはカラオケの設備もマイクもないので、島田雅彦先生がお持ちのノート型パソコンに演奏を呼び出してのステージです。

松井さんはカラオケがとてもお上手なのでスタートを切っていただきました。森進一さんの物まねで顔の表情までそっくりに歌われるのが面白くて、拍手喝采です。さすが文壇関係者には昔から芸達者がそろっておいでです。新潮社の佐藤社長もいいお声で、とてもお上手です。

島田先生はオペラ、企業役員の方はジャズをそれぞれ披露されて、明るく楽しい送別会になりました。講談社の野間社長がおいでになれなかったのは誠に残念でしたが、「ザボン」のエピソードのひとつとして今も語り継いでいます。

この時は別のお席でひとりでお飲みになっていたお客様が気を利かせてシャンパンを差し入れてくださり、その方を気遣われた重松先生が「俺、ちょっと向こうでサービスしてくるね」と、みずからその方のテーブルに歩み寄られ、お話し相手になられるという一幕も。すると、その方は感激されて、またまたシャンパンを差し入れてくださいました。

文壇の先生方はお店を大事に思って、お仲間以外のお客様にも親切丁寧に接してくださいます。おかげで「ザボン」の株も上がります。ほんとうにありがたいことです。

銀座に押し寄せる再開発の波

ひと頃は私と同じ「眉」出身の店だけでも四十軒ほどあった文壇バーも、今では、一番の老舗「ルパン」、「数寄屋橋」、そして「ザボン」と数えるほどになってしまいました。「魔里」も、二〇二〇年十二月にお店を閉められ、その翌月にママが亡くなってしまいました。とても寂しいです。

以前、北方謙三先生が「いま頑張っている銀座の文壇バーの三軒は、作家仲間のあいだで『動物園』『猿の惑星』『お化け屋敷』と呼ばれている」とおっしゃったことがありました。

北方先生の御著書『十字路が見える』刊行の折、二階堂ふみさんとの対談に「ザボン」をお使いいただいたときのことで、二階堂さんに、銀座の文壇バーのことをそんなふうにご説明されたのです。

「ザボン」はどれに入るのか分かりませんが、当たらずとも遠からず、でしょうか。けれどもそれには理由もあることをご理解いただければと思うのです。

うちは個人のお客様が多いので頂戴する飲食代も自費でお支払いいただける範囲でと考え、そのため女の子たちへの報酬も世間並なのです。高級クラブのように高額な報酬を求められても、うちの店の規模ではとても払うことができません。

それでも私についてきてくれる女の子たちはみんな心優しい素直な子ばかり。そして、そんな女の子たちはみな、北方先生のファンで、この対談の折も胸をときめかせてお話を聞かせていただきました。お綺麗な二階堂ふみさんとダンディな北方先生。このときは新潮社の中瀬ゆかりさんもご一緒で、対談の前後の時間も楽しく賑わいました。

「ザボン」は四十年の長きにわたる思い出がいっぱい詰まっている大切な私の店。なんとしても守り通していかなければ、今では故人となられた恩人の先生方に顔向けができません。

今の私は潰れない程度の売り上げがあれば、もう、それで満足です。家賃と人件費と仕入れの費用、これだけ賄えれば、それ以上の欲張りは言いません。お金よりも大切なのは「ザボン」を維持していくこと。そしてここで世の中とつながっていくこと。数年前に気分転換のために行ったニューヨークで、銀座や店から離れて考えた末の結論はそういうことでした。

ところが、その決意も新たにして戻ってきたところに、突然、藪から棒にたいへんなことが起きました。

令和元年（二〇一九）の五月の末、「ザボン」の店舗をお借りしている北辰不動産の担当者から大切な話があるので時間をつくってほしいと言われ、何事かと話を聞くと、ビルを建て替えることになったというのです。

耐震上の理由だそうで、そうなるとお店も引っ越さなければなりません。しごく真っ当な理由ではありますが、店舗としてお借りしているこちらはびっくり仰天。突然の店立《たなだ》てを食らったようなわけですから。

期限はというと、一、二年後までには退出を、ということです。代わりを探すといっても、そう簡単にいくわけもありません。責任を持って次の場所を探しますと言ってはくれたものの、適当なところはなかなか見つかりません。

なんでも銀座の再開発で並木通りの六丁目までをブランド店街にする予定とのこと。表の、「銀座シックス」のある中央通りは外国人観光客のために、並木通りは日本人セレブのために、という整備プランなのだそうで、新築ビルには私たちのようなクラブは入居不可になるとのこと。クラブの業態は風俗営業に属するからだというのです。

そうなると同じ銀座でも七丁目、八丁目に移ることになります。高級ブランドはビル一棟をまるまる借りてくれるので、地権者の方には有り難いことなのでしょう。

応援してくださる方がいる限り

でも、なぜ私たちが、今の場所を出ていかなければならないのか。どこか釈然としません。私たちクラブの人間も銀座という街の伝統、街の文化に少なからず貢献してきたと思ってきたのに、差別されたように感じます。

銀座でステイタスの高さを誇れるのは何と言っても並木通りです。このこだわりを私は捨てたくはないのですが、はたして今後、どうなることやら。人生、山あり谷あり、とはこういうことなのでしょうか。

正直に申し上げて、いい思い出だけを持ったまま、これを機に閉店してしまおうかと考えたこともありました。でもたくさんの方々に励まされ、おだてられ、頑張って続けることにいたしました。奇跡的に、なかなか素敵な次のお店が見つかったことにも背中を押してもらいました。

さあこれから、と思っていた矢先、今度はコロナ騒動です。銀座の人波はピタリと途絶え、足繁く通って下さっていた方々もお見えになることができなくなってしまいました。やっとの思いで決めた移転の話も取りやめです。

私の人生は二転三転、いったいどこに転がってしまうのでしょう。自分でもわからなくなりました。

今度こそもう駄目かしら、そう思うこともありますが、でも皆様の応援がある限り続けていかなくては、と思い直す毎日です。

明けない夜はない。きっとまた皆様とこの「ザボン」でお会いできる日がくると信じて、新しいお客様との出会いも楽しみにしながらお店に立つことにしましょう。

常連作家たちによる特別寄稿

——ザボンによせて

『ザボン』とツボちゃんとシゲ

重松　清

初めて『ザボン』にうかがったのは、二〇一四年六月十一日のことだった。水曜日である。なぜそんなに詳しく覚えているかというと、じつはアンチョコがある。坪内祐三さんの『昼夜日記』――昼間の読書日記と夜の酒中日記を合わせて一冊にした、ワケのわからない（だからこそ、とびきり面白い）本に、その夜のことが書いてあるのだ。

〈九時少し過ぎ、「ザボン」突入（重松さんを「ザボン」にお連れすることが今日の私の使命だったのだ）〉

なぜ「使命」なのか。

坪内さんから「シゲちゃん、頼むよ」と声をかけられていたのだ。「リーマンショックと震災で『ザボン』も大変なの。文壇も丸谷才一さんや渡辺淳一さんがいなくなったから、シゲちゃんが後を継がないと」

正直、自分には荷の重い話だった。バタバタと忙しく駆けずり回ってはいても、売れっ子作家というにはほど遠い僕には、とても銀座の文壇クラブに通う資格があるとは思えない。坪内さんのお声がけは、だから、半分は光栄であっても、残り半分は（キツい言葉をつかうなら）ありがた迷惑だった。

六月十一日も、坪内さんの顔を立てるために一度は顔を出すしかないか、やれやれ面倒臭いなあ……という程度の思いで『ザボン』に足を踏み入れたのだ。

するとどうなったか。結果から先に言うと、坪内さん、オレを誘って大正解！

すっかり気に入ってしまった。素子ママはもちろんのこと、女の子たちの人柄に一発で魅了された。みんな、いい子たちなのだ。もちろん、一人ひとりで勉強の度合いや知識の深さには差があるし、会話のちょっとした受け答えにも「いいぞ」と「それはどうかな」の差はある。それでも、トータルすると――「この店、楽しいなあ」と思うのだ。しっかりしている子ももちろんいいが、素子ママに叱られてばかりの子にも「いいね！」を何度も押したくなってしまうのだ。

初めて『ザボン』を訪ねた約一ヶ月後、七月九日の坪内さんの日記には、こうある。

〈九時少し過ぎ「ザボン」を覗くと黒鉄ヒロシさんと文春の新社長Mさんがいる。十時頃、重松清さんが講談社の人たちとやって来る（実は重松さんと先週から約束していたのだ——別に特別の用事はないのだけど——「シゲ呑ミクス」は「ツボ呑ミクス」の十倍以上の効果があるからね）〉

そうか、文春のM社長こと松井さんは、オレの『ザボン』デビューの頃に社長になったのか。その松井さんが社長を退き、島田雅彦さんや新潮社の佐藤隆信社長らとともに送別会を『ザボン』で開いたのは二〇一八年七月だった。なんとも感慨深い。

なお、「シゲ呑ミクス」とは、いわずもがな安倍政権の景気浮揚策「アベノミクス」をもじった造語である。坪内さんは僕に、いわゆる「太い客」になることを期待してくれていた。だが、どうなのだろう。少なくとも、丸谷先生や渡辺先生と同列に扱っていただけるような「太さ」ではないことは自覚している。それでも、なんだかんだと、毎年三十回以上は『ザボン』に顔を出している。回数だけは常連ヅラである。もっとも、そのほとんどは出版社の財布ではなく、自腹――うんと安い学割価格にしてもらっていることを思うと、店に通うのはむしろ迷惑ではないかという気もしないではないのだが、素子ママの「そんなことないですよ」の一言に甘えっぱなしで、いまに至る。

いいのかな、ほんとにオレが来てもいいのかな、という問いは常に胸にある。

だけど、行きたい。素敵な女の子たちと、いろんなおしゃべりをしたい。

オレ、店に足を踏み入れるときにはいつもイバってるけど、ほんとうは、申し訳なさを背負いながら「ようっ！」と言ってるんだぜ。

でも、みんなの笑顔を見ると、すぐさま後ろめたさを捨てて大笑いしちゃうんだ。

馬鹿だね、まったく、どうも。

坪内祐三さんは、この小文を書く少し前、二〇二〇年の一月十三日に急逝した。冷たい雨の降る告別式には、素子ママはもちろん、女の子たちも参列してくれた。坪内さんに代わって、心から感謝したい。ありがとう。

坪内さんがいなくなったいま、「シゲちゃん、頼むよ」は遺言になってしまった。

任せてください、と言うしかない。

できるかできないかではなく、やるのかどうかで問われたら、やはり、「やってみます」としか言えないではないか。

坪内さん、オレはあなたの愛した『ザボン』と、もうしばらくお付き合いさせてもらうつもりです。なんちゃらミクスにはならなくても、素敵な女の子たちを自分なりに励まし、元気づけながら、カノジョたちが笑ってくれるような面白い話題を持ってお店にうかがいます。

お店には、女の子たちの絶大な信頼を得ている和明さんがいます。気は優しくて力持ちを体現しているアリさんもいます（僕はお店を訪ねるたびにアリさんに抱え上げてもらうのが吉例になっています）。あ、もちろん、素子ママだってずっと元気です。名前をあげるのはあえて控えますが、ツボちゃんのお気に入りだった○○さんも△△さんも……「ツボちゃん亡き後のシゲ」の最初の仕事は、二人とツボちゃんを偲んでしみじみ呑むことだったのです。

坪内さんと最後に会ったのも『ザボン』だった。亡くなる二十日ほど前のことだ。坪内さんは、にこにこ笑っていた。最晩年の日々は「怒りっぽくなった」「荒れている」と言われていた坪内さんだったが、最後の夜は、ほんとうに透きとおっているほどのにこやかな笑みを浮かべて、僕に「じゃあ、また」と言ってくれたのだ。あんなに上機嫌だったのは『ザボン』にいたからなのだろう、と僕は信じているし、それは間違っていない、と確信してもいる。

『ザボン』の皆さん、ありがとう。

あなたたちのおかげで、この店は、酒を呑んで酔っぱらう場だけではなく、友情の舞台にもなった。

でも……そんな湿っぽさではなく、今度オレが来たときには、また明るいおしゃべりをしましょうねっ。

しげまつ・きよし　作家

ザボン現象

島田雅彦

天国は退屈なところなので、過疎化しており、地獄は危険がいっぱいだが、退屈している暇もなく、過密状態である。

そんな見てきたような嘘をつくのがフィクションライターの仕事である。そもそも天国も地獄も想像の産物であるから、その細部を丹念に描きこみ、リアリティを充実させれば、勝ち。しかし、フィクションライターに限らず、人は夢見がちな生き物で、胃がキリキリ痛むような世界で不愉快極まりない現実と常に直面している分だけ、現実逃避をしたくてたまらない。

その証拠に巷には安っぽいファンタジーが満ち溢れている。人の現実逃避願望につけ入る商売はそこそこ繁盛している。ディズニーランドを筆頭に、ラブホテル、パチンコ、リゾート、ソープランド、キャバクラ、温泉、マンション、さらには美容院やカフェ、中華料理店まで安っぽいメルヘンのイメージで埋め尽くされている。しけこんだラブホテルがバリのリゾート・テイストで統一されているのはまだいい方で、この業界は妄想炸裂している。「龍宮」、「舞姫」、「ムーミン」、「ホワイトハウス」、「パラダイス銀河」、「バナナとドーナツ」、「ひっくり返ったおもちゃ箱」、「夜の動物園」、「ひみつの花園」、「風に聞いた物語」、「愛と誠」など、いずれも実在する。

新作オペラのタイトルを「スーパーエンジェル」にしようと思い立ち、念のため検索をかけてみたら、トップにキャバクラが出てきた。どんなエンジェルが待ち構えているかと好奇心を抱くのは自由だが、自分の末路を想像できなければ、決して近づいてはいけない。

サンドイッチ専門店も「メルヘン」だったり、カフェも「どんぐりと山猫」だったり、「人魚の嘆き」というバーに行ったこともある。さらには首相と不愉快な仲間たち、彼らを支える広告代理店もしばしばメルヘンに逃避し、現前の厳しい現実を目立たなくすることに血道を上げている。こうして見ると、現実逃避の欲望こそが現実を作り出していることがよくわかる。確かに人は今ある現実だけでは生きられないし、現実は妄想で塗り固められている。

ところで、人の意識は長年に亘り、刷り込まれてきたイメージに縛られるという。クリスチャンなら聖書の、ムスリムならコーランの、仏教徒なら説話の物語、あるいはどの民族も古い民話のストーリーとイメージがその人の思考を左右するという。これはユングが説く「元型」というものだ。日本人の場合は桃太郎や浦島太郎、かぐや姫の物語は誰でも知っており、意識を形成する「元型」となっている。

ある時、「ザボン」でママやレディたちと他愛もない話を交わしながら、ふと思った。いくらママに熱心に誘われたからといって、決して恋愛には発展しない、だから安心ではあるが、今ひとつモチベーションが上がらない花園に、性懲りもなく、今日も来てしまったのか、と。確かにロシアの超高級ウオッカもテキーラの銘酒も美味い。レディたちの胸の谷間も哺乳類の端くれである私を安心させてくれるほど深い。だが、もっと違う何かが私を古い雑居ビルの四階にあるドアの向こうへと誘っている。その時、私の頭の中ではワーグナーの『タンホイザー』序曲のホルンの響きが蘇った。ヴェヌスの膝枕で微睡《まどろ》むタンホイザーは時間を忘れて享楽にふけっていたが、にわかに里心がつく。ここでは愛の奴隷でしかない自分に気づき、にわかに自由と戦いを求めるのだが、ヴェヌスに激しくなじられる。「あなたの救いの道はもう閉ざされている」とヴェヌスはいい、「世界よ、荒れ果てよ！　勇士よ、奴隷になれ！」と人類に呪いをかける。タンホイザーは「救いは聖母マリアのうちにある」というのが精一杯だった。

　信仰と享楽のあいだを行ったり来たりする旅人タンホイザーの意識は、一夫一婦制の息苦しさからの逃避願望を抱え、出来心からつい誘惑に屈してしまう世の男子のそれと同じである。

　故郷ヴァルトブルクに戻り、タンホイザーは歌合戦に臨む。故郷の人々は「愛の本質」というテーマに対し、中世騎士道精神に忠実に、見返りを求めることなく、祈りのうちに我が身を捧げる愛を賛美するが、タンホイザーは未練がましくヴェヌスと過ごした日々を思い出し、「享楽の中にしか愛はない！」と歌い、顰蹙《ひんしゅく》を買う。だが、一人複雑な女心の持ち主エリーザベトだけは彼に深く共感する。彼女は単に男たちの崇拝の対象にされることに飽き足らず、以前からタンホイザーの情熱的な享楽賛美にときめいていた。しかし、彼が愛欲の女神ヴェヌスの虜だったことを知り、絶望する。実はエリーザベトもまた信仰と享楽の間で揺れ動いていたのである。社会的には貞淑な妻として振舞いながら、性的欲求不満を抱え、夫の浮気にヒステリーを爆発させる一方、「女としてもう一度輝きたい」との思いを断ちきれずにいる悩める主婦たちの思いはエリーザベトに集約されている。

ドイツの共同体の暮らしも歌合戦も、聖母マリア信仰や魂の救済も、古代ギリシャ・ローマの伝統との相剋も日本人とは縁遠く、タンホイザーに共感する要素は何一つないはずなのに、何処か懐かしいと感じてしまうのはなぜか？　おそらく、似たような体験をした男の物語が日本の昔話にもあるからだろう。亀を助けたお礼に龍宮城に招待され、時間を忘れ、享楽の日々を過ごしたのちに故郷に戻ってきたが、何もかもが変わってしまっており、絶望して、玉手箱を開け、白髪の老人になってしまったあの浦島太郎である。

　私たちが現実として生きているこの世界は、水が高いところから低いところに流れるような物理的原則に基づいているが、脳が作り出す仮想現実はそれに縛られない。私たちは想像力を飛躍させて、物理的にありえない世界を考えていいし、それを詩や小説のような形にまとめたら、それが実在すると考えてもいい。

　小学生の頃から私たちは「ドラえもん」などを通じて、日常的にありえない世界を受け入れてきた。「どこでもドアが欲しい人」と訊ねたら、誰もが手を挙げるだろう。時空を超えてどこへでもジャンプできるあのドアはパラレルワールドへの入口である。それはあくまでも想像の産物であるが、妄想をたくましくし、夢見る能力をフルに発揮すれば、私たちは容易に別世界にジャンプすることができる。

　私たちはそうした夢見る能力を古代から受け継いでいる。たとえば、「あの世」とか「黄泉《よみ》の国」は古代人が作った最初のパラレルワールドだということができる。タンホイザーが滞在した「ヴェヌスベルク」も浦島太郎が招かれた「龍宮城」もそうだ。そして、現代のタンホイザー、二十一世紀の浦島太郎である私たちにとっては、銀座の「ザボン」も一種のパラレルワールドなのである。ここでは妻とともに暮らす現実とは異なる、別の誰かを愛しているもう一つの現実が存在し得る。素子ママは私の母ではないが、彼女をママと呼ぶもう一つの現実がある。

　そこを訪れるのは初めてなのに前にも来たことがあるような気がする例のデジャブだが、「ザボン」ではしばしばデジャブに襲われる。素子ママの若い頃を知っているような気がしたり、少女時代のエミョウさんをからかったり、広島でミス・オイスターとお好み焼を食べたというありもしない記憶に惑わされる。まだ、私にお迎えが来るのは早い気がするが、そんなデジャブの宝庫が「ザボン」なのである。

　ところでデジャブを説明するいくつかの仮説がある。その中でも魅力的なのは、デジャブはパラレルワールドにしばしば迷い込んだ証拠だというものだ。ただ、パラレルワールドに行ったとしても、その自覚はないまま、その経験が記憶に残る。デジャブはその経験に由来するというのだ。また、誰でも過去の記憶が時々事実と食い違っているという経験をする。事実が間違っているのか、自分の記憶が間違っているのか、よくわからないというような現象だ。ある時、ネルソン・マンデラは獄中死したという噂が流れ、不特定多数の人間がそれを信じた。死亡説が既成事実のように受け入れられた。ところがしばらくしたら、マンデラは釈放され、大統領になった。これは「マンデラ効果」と呼ばれ、パラレルワールド間の相互干渉によって生じたという説明がなされる。まことしやかな都市伝説などはその類で、そんな事実はなかったのに、あったような気がするのはパラレルワールドに無意識に足を踏み入れたせいだというわけだ。もっと簡単にいえば、白昼夢を現実と混同した時、私たちはパラレルワールドに無意識にジャンプしていることになる。

そんな私を含む夢見る酔客たちの心境を詩にしてみたので、最後にこれを餞《はなむけ》とする。

誰の中にも子どもが一人。迫り来る闇に怯え、ママのところに逃げ込む。
誰の中にも迷子が一人。分かれ道を前にどちらに行くか決められない。
誰の中にももう一人の自分。自惚れと幻滅のあいだを行ったり来たり。

しまだ・まさひこ　作家

ギンザノヨル

吉田修一

年々、銀座が好きになる。

と言うと、そういう年齢なんだよ、との意見には抗えないのだろうが、にしても、年々居心地がよくなるこの感覚はこれまでになく新鮮である。

銀座との出会いは上京したての十八歳のころ、おそらく有楽町マリオンか、シネスイッチ銀座辺りに映画を観にきたのが最初だと思う。当然、鑑賞後には一杯千円のコーヒーなど飲めるわけもなく、即退散したはずで、高級店が立ち並ぶ大人の街というよりも、自分とは関係のないものが並ぶ他人の街というイメージだったと思う。

その後も銀座には足が向かぬ日々が続く。書店巡りや映画は新宿や渋谷だったし、たまにおしゃれなことをしたくなると、代官山や青山界隈に行っていた。

初めて銀座を気持ちよく歩いた夜のことを、実は未だに覚えている。当時すでに三十三歳になっており、その夜、芥川賞を受賞した。

結果の知らせを待っていたのが、銀座一丁目にあるスタア・バーだった。世界カクテルコンクールで日本人初のチャンピオンとなった岸久さんが開いたオーセンティックバーで、当時まだオープン二年目を迎えたばかりの店である。

このスタア・バーで受賞の知らせを受けた。緊張感と解放感を同時に味わうような不思議な気持ちで、担当者たちと乾杯したことを覚えている。ちなみにその後、スタア・バーで待つと受賞するという噂がまことしやかに文壇で流れるようになり、実際、石田衣良さん、江國香織さん、角田光代さん、森絵都さん、桜庭一樹さんと、錚々たる方々が、この店で受賞の知らせを受けており、噂以上の結果を出している。

さて、その夜、このスタア・バーで受賞の知らせを受けたあと、向かったのが丸の内にある東京會舘だった。テレビなどでご存知の方もいると思うが、金屏風のまえで芥川賞と直木賞の受賞者が記者会見する、あれである。

実は受賞の知らせを受けてから、あの記者会見までにはほとんど時間がない。スタア・バーで乾杯するとすぐに店を出て、タクシーに飛び乗る。実際、実家の父にだけは受賞を知らせたくて、タクシーに乗る前に一分だけ時間をもらって電話した。

大勢の記者とカメラのフラッシュを前にした記者会見については、正直ほとんど記憶がない。気がつくと始まっており、気がつくと今度は終わっていて、多くの方々からのお祝いの言葉に胸だけがいっぱいになっていた。

記者会見が終わると、次は選考委員の方々に挨拶に向かうのが恒例である。向かったのは銀座六丁目にあるクラブザボン。水口素子ママが切り盛りする高級な花束のような、いわゆる銀座の文壇バーである。

実は、前述した「初めて銀座を気持ちよく歩いた」瞬間というのが、記者会見のあった東京會舘から、このクラブザボンに向かう途中だった。

なにも生まれて初めて銀座の文壇バーに向かっているから気分が良かったわけではない。いや、もちろんそれも理由の一つではあるのだが、実はこのとき昼から何も食

べておらず、かなりの空腹で、さすがに耐えかねて、
「選考委員の方々に挨拶に行く前に、ちょっとだけ何か食べさせてください」
と担当編集者に泣きを入れたのだが、ならばと見回した先に、なんと故郷長崎のちゃんぽんリンガーハットがあり、思わず駆け込んだのである。クラブザボンでは名だたる選考委員の方々がお待ち、となれば、口の中を多少火傷しようがお構いなしに麺を啜った。

とりあえず胃が満たされれば人心地はつくもので、夕方から緊張の中で受賞の知らせを待ち、知らせを受けてすぐに記者会見に挑み、続いて選考委員への挨拶という、怒濤の只中とはいえ、店を出たときには束の間の高揚枝である。

そう、このときのんびりと銀座の横断歩道を渡ったときの、なんと気持ちの良かったことか。たまたま故郷の長崎ちゃんぽんというのもよかったのだろうし、なんというか、銀座という街自体から、「おめでとう」と声をかけられたような気分だった。

さて、その後到着したクラブザボンでは、高揚枝などすぐに吹っ飛ぶ緊張である。素子ママや店の女の子たちに囲まれていらっしゃったのは、黒井千次さん、古井由吉

さん、髙樹のぶ子さんという方々である。

黒井さんに選考の様子を伺う、古井さんと乾杯をする、髙樹さんが祝って下さる。

ああ、本当に受賞したのだなと、このクラブザボンで初めて実感したような気がする。

あれが今から十六年前のことである。

そして実は今年、この夜のことが繋がるような二つの慶事があった。

まず一つめがスタア・バーで、オープン以来、国内外に数多くのファンを持ち、今や世界のバーランキングでも毎年上位に選ばれるという、銀座を、いや日本を代表するバーとなっているのだが、今年の春にオープンとなったミッドタウン日比谷に、その旗艦店が新たに開店したのである。

店内の全長十二メートル、二十人掛けのロングカウンターは圧巻で、なによりこの旗艦店では「パーク・ライフ」というオリジナルカクテルが飲めるのであるが、実はこれ、私が芥川賞を受賞した作品のタイトルである。ありがたいことに岸久さんは十六年前のことを忘れずにいてくれたのだ。

そしてもう一つ、今年はクラブザボンがなんと四十周年を迎え、かの帝国ホテルでそれはそれは豪華な四十周年パーティーが開かれた。

若輩者ながら、パーティーでは先輩である島田雅彦さんとともに、素子ママを壇上までエスコートするという大役をいただき、恐縮しつつ参加させてもらったのだが、文壇のみならず、まさに政財界の歴々が四百人近く集まった大パーティーには完全に圧倒された。半藤一利さんの乾杯で始まり、林真理子さんの鏡開き、続いて辻原登さんが挨拶に立つ式を賑やかにまとめるのは司会の重松清さん。他にも会場を見渡せば、元首相、現大臣、現知事に、出版社各社の社長たちと、銀座で四十年の底力が見えてくる。

と、とにかくド迫力のパーティーだったが、実はこの日、個人的に一番驚かされたのは、やはり素子ママである。こんなにすごいパーティーの主役であるのに、いつも店にいるときのママといたって同じだったのである。素子ママのこの胆力、まさに銀座の女である。

そして逆に言えば、普段の店もまた、ママはこの大パーティーと同じ気持ちで客を迎えていることになる。だからこそ、客はそこに〝銀座〟の夜を見るのである。

（初出『翼の王国』二〇一八年八月号）

よしだ・しゅういち　作家

良質の精神と身体《からだ》
——薩摩女の真骨頂

辻原　登

一九九〇年七月、その年上半期の芥川賞の選考会があって、私の『村の名前』が受賞したが、すんなり決まった訳ではなかったらしい。恒例の東京會舘での記者会見があった。その時の直木賞は泡坂妻夫さんの『蔭桔梗』だった。泡坂さんは気品ある紋付羽織はかまの出立ちで、ユーモアと人情味溢れる応答をされたのを思い出す。

会見を終えて、私が案内されたのが「ザボン」。そこで、選考委員の丸谷才一、古井由吉、田久保英夫、黒井千次さんの祝福を受けた。私には夜の銀座も「クラブ」も、高名な作家との対面も初めて尽くし。緊張して棒立ちになっていると、艶やかな着物姿の女性が私を丸谷さんの隣の席へ案内してくれた。その女性がマダムの水口素子さんだった。

シャンパンで乾杯のあと、丸谷さんがこう言った。

「僕が芥川賞を貰った時、石川淳が選考委員で、記者会見のあとの席で、こうやって僕の手の甲に手を置いてタップしながら、文学と賞は何の関係もない、でも貰わないより貰っておいたほうがいいんだ、おめでとう、と言ったんだ」

やはり丸谷さんの手も私の手の甲をタップしている。

「石川先生、丸谷先生にそんなことおっしゃったんですか」

と水口さんが言葉を挿《はさ》んだ。

「何だ、素子、きみはそばにいたじゃないか、覚えてないのかい？」

その時、私は水口素子という銀座を代表する豊麗なこの女性を記憶に深く刻んだ。

店名「ザボン」の名付けは言わずと知れた丸谷才一である。その後、赤坂に出した蕎麦割烹「三平」も丸谷さんの名付けである。丸谷さんと水口さんのつながりは、今は消えた昔なつかしい文士と「銀座」のほほえましい交流の一つだろう。

丸谷さんはこわい人だった。同時に優しい人だった。褒められてうれしく、怒られてもうれしい気持にさせる。そういう人だった。

怒る丸谷さん。

私が『翔べ麒麟』で読売文学賞を受賞した時のこと。その年、小説部門の受賞者は二人だった。六つの部門があって、授賞式での挨拶は各々、三分以内でと主催者から言い渡されていたのだが、最初に立った小説家の挨拶が二十分、いや三十分を越えてしまった。数百人の出席者はみな立ったままである。会場が騒《ざわ》めきだした。その時、受賞者の席から大きな怒声、〝いいかげんにしろ！〟が発せられた。ポーランドの作家ブルーノ・シュルツの全作品の翻訳で研究・翻訳賞を受賞した工藤幸雄氏である。工藤氏も紋付はかまの出立ちだった。

次が私の番。私は用意していたとおりの三分間のスピーチを行った。

パーティが終わって、二次会の会場は「ザボン」。丸谷さんは選考委員で、私の作品を強く推してくれ、二次会に出席されていたが、私が少し遅れて着いて、隣の席につくと、あの大声、しかも前《さき》の工藤さんの声以上の怒声がひびきわたった。

「きみのあの挨拶は何だ！　ああいう馬鹿なスピーチのあとは、ありがとうございました、のひと言で引き下がるべきだ。それが批評というものだ。きみには全く機知《ウィット》も批評も欠如している」

本気で怒っているのである。しかも、なかなかおさまらない。水口さんは、丸谷さんは冗談で怒ったふりをしているのだと思ったのか、微笑を浮かべて聞いていたが、やがてそれが本気だと分かると、真剣な顔になって、

「先生、いい加減になさい！　辻原さんが可哀相じゃありませんか」

と強い調子でたしなめたのである。

丸谷さんは苦笑して、矛《ほこ》を納めた。水口さんの鶴の一声で私は救われたのだが、しかし、丸谷さんの怒りは正しいし、その言葉は丸谷文学、いや文学そのものではないか。

爾来《じらい》、私の「ザボン」、水口さんとの付き合いは三十年、その間、水口さんをはじめ「ザボン」の様々な女性陣と楽しい時間を過ごして来た。

水口さんには、小説の取材で大いに協力してもらったし、小説の中でも何度かモデルとして登場してもらったが、何といっても獅子奮迅の活躍は、日経新聞に連載した『発熱』である。ここで、水口さんは気風《きっぷ》が良くて度胸のある銀座のマダム睦子《むつこ》（むうちゃん）として登場する。副主人公の呉《くれ》周平のかつての愛人で、今は男女の関係を超越して、癌で余命三年の呉の「日本を根底から変える」事業に協力するという恰好いい役回りだ。

出始めのところで、こんな文章がある。

> 呉は、パステルブルーのカシュクールに白いパンツの睦子のうしろ姿をながめやった。彼女、いくつになったのかな、まだまだしっかりしたラインを保っている、とつぶやいた。良質の身体《からだ》はながもちする、といったのは吉行淳之介だったろうか。

もちろん、水口睦子（素子）の身体を知っているのは私ではなく、小説中の呉周平だが、水口さんは、彼女の回想記にあるように、様々な試練（恋、金、事業、病気）を乗り越えて、今もう一度羽搏《はばた》こうとしている。それが出来るのは、彼女が何よりも良質の精神と身体を持っているからだ。

　薩摩女の真骨頂がここにある。

つじはら・のぼる　作家

ザボンに捧げる

さいとう・たかを

ズザザァ

無用ノ介

207　さいとう・たかを　劇画家　

Zabonザボン

北見けんいち

銀座6丁目
Zabon
ザボン
いらっしゃいませ!!
いらっしゃいませ!!
どっこいしょっと!!
あー ここにくるとホッとする
ありがとうございます
編集者がうるさくて逃げてきちゃった!!
まあっ
コロン

ボクが来るようになって20年は経ってるけど〝ザボン〟はその2倍以上続いているんだねえ
これも多くの先生方や会社の方々のお陰です
どんな人が来てたの？
はい……
先生やっぱりここだったー
ワッ出た!!編集者
すぐ仕事場に戻って続きを書いてくださいよ!!
ママー!!
詳しくはお手持ちの本に書いてございます

おわりに

来し方を振り返ると、太宰治の『人間失格』ではないけれど、「恥の多い」人生であることに落ち込みます。

若さに溢れていた頃は恐れ知らずでした。考えなしであったり、無謀であったり。何を求めてこの商売だけに打ち込んだのか、自分でもよくわかりません。

心の奥にいつも愛を求めている私ですが、ときに寂しさを覚える日もあります。オペラ『椿姫』や『マダム・バタフライ』を好きな理由は自分に重ねてみることができるからだろうか、などと思ったりもします。

小学生の頃から洋画を見ているせいでしょう、西洋文明にあこがれる少女時代でした。父が映画好きで、よく連れていかれたのです。田舎育ちですが、そうした洋画の影響を大きく受けて、「都会派」にあこがれ続けた青春時代でした。

そして、銀座には満たされるものがたくさんありました。歌舞伎や能の伝統文化と、西洋から入ってくる映画やジャズ、そして文学。そうした自分の好きなものに触れ、それらを支える方たちと出会える幸せは何ものにも代えられません。私は銀座に居ることに無上の喜びを感じるのです。

先日、テレビ東京の『出没！　アド街ック天国』という番組が取材に来られました。銀座並木通りで古くからやっているお店を紹介するという主旨でしたので、喜んでお受けしたのですが、取材日に偶然お店に来られたのが重松清先生だったのには、あらためて先生とのご縁の深さを感じたものです。取材の方たちには四十周年記念パーティのときの写真をお見せしながら、いろいろなお話をしました。

放映は令和元年（二〇一九）八月三日の午後九時からで、ランキング二〇位から順に紹介されるということでしたのでじっと画面を見つめていたのですが、「ザボン」はなかなか出てこないのです。

使わないことになったのかしらと思っていると、驚いたことに「クラブ」という括りで「ザボン」と「サロン・ド・慎太郎」というお店が、ランキング三位に選ばれました。並木通りから立ち退きを迫られながら、いわば「並木通りの顔」のひとつとして選ばれたことに大きな意味があるように感じています。

今後、場所を変えることになろうが、やはりこの銀座で「ザボン」という店を守るのが私の義務なのだと、覚悟を新たにいたしました。

霊南坂教会に牧師をしている親戚がいて、私も昔、洗礼を受けました。毎週日曜日のミサに行きましたが、一日中教会に居ることが続かなくなり、七年ほどで通うことができなくなった罰当たりな私ではありますが、信仰は変わらず持ち続けています。

自分と向き合いながら、これからも身体の続く限り、「ザボン」を守っていきたいと思っています。

水口素子

水口素子（みずぐち・もとこ）

鹿児島県出身。

昭和48年銀座の文壇バー「眉」にてデビュー。昭和53年に独立し、「ザボン」をオープン。丸谷才　・をはじめとして、数々の作家が集まる「文壇バー」となり、芥川賞選考会の終了後、受賞者をむかえて祝賀会が開かれる店として知られる。

大岡信が始めた月に一度の「歌仙の会」は、今も「ザボン」を会場として行われている。

老舗《しにせ》文壇《ぶんだん》バーのママが見《み》てきた

酒《さけ》と作家《さっか》と銀座《ぎんざ》

2021年5月25日　第1刷発行

著　者	水口《みずぐち》素子《もとこ》
発行者	佐藤　靖
発行所	大和《だいわ》書房
	東京都文京区関口1-33-4
	電話　03-3203-4511
ブックデザイン	小口翔平＋加瀬梓＋三沢稜(tobufune)
カバーイラスト	市村　譲
編集協力	福島結実子
本文印刷所	信毎書籍印刷
カバー印刷所	歩プロセス
製本所	小泉製本

ISBN978-4-479-39363-4

http://www.daiwashobo.co.jp